우파니샤드

귓속말로 전하는 지혜

청소년 철학창고 02

우파니샤드, 귓속말로 전하는 지혜

초판 1쇄 발행 2005년 3월 15일 | 초판 8쇄 발행 2018년 8월 10일

풀어쓴이 이재숙
펴낸이 홍석 | 기획 채희석 | 전무 김명희
편집 류현영 | 표지 디자인 황종환 | 본문 디자인 서은경
마케팅 홍성우·이가은·김정혜·김정선 | 관리 최우리
펴낸곳 도서출판 풀빛 | 등록 1979년 3월 6일 제8-24호
주소 03762 서울특별시 서대문구 북아현로 11가길 12, 3층
전화 02-363-5995(영업), 02-362-8900(편집) 팩스 02-393-3858
홈페이지 www.pulbit.co.kr | 전자우편 inmun@pulbit.co.kr

ISBN 978-89-7474-528-8 44150
ISBN 978-89-7474-526-4 44080 (세트)

이 책의 국립중앙도서관 출판시도서목록(CIP)은 e-CIP 홈페이지(http://www.nl.go.kr/cip.php)에서
이용하실 수 있습니다. (CIP제어번호 : CIP2005000420)

우파니샤드

귓속말로 전하는 지혜

이재숙 풀어씀

'청소년 철학창고'를 펴내며

　우리 청소년이 읽을 만한 좋은 책은 없을까? 많은 분들이 이런 고민을 하셨을 겁니다. 그러면서 흔히들 고전을 읽어야 한다고 합니다. 하지만 서점에 가서 책을 골라 보신 분들은 느꼈을 겁니다. '청소년의 지적 수준에 맞춰서 읽힐 만한 고전이 이렇게도 없는가.'라고.

　고전 선택의 또 다른 어려움은 고전의 범위가 매우 넓다는 것입니다. 청소년 시기에는 시간과 능력의 한계 때문에 그 많은 고전들을 모두 읽을 수 없습니다. 그렇다면 어떤 책을 읽어야 할까요?

　이런 여러 가지 현실적 어려움을 고려하여 기획한 것이 풀빛 '청소년 철학창고'입니다. '청소년 철학창고'는 고전의 핵심이라 할 수 있는 '철학'에 더 많은 무게를 실었습니다. 그 이유는 무엇일까요?

　사람들은 일반적으로 철학을 현실과 동떨어진 공리공담이나 펼치는 학문이라고 생각합니다. 하지만 철학적 사고의 핵심은 사물과 현상을 다양하게 분석하고 종합하여 그 원칙이나 원리를 찾아 내는 것입니다. 그래서 철학은 인간과 세상에 대해 깊이 있게 생각하고, 논리적으로 종합하는 능력을 키워 줍니다. 그런 만큼 세상과 인간에 대해 눈떠 가는 청소년 시기에 정말로 필요한 공부입니다.

하지만 모든 고전이 그렇듯이 철학 고전 또한 읽기가 쉽지 않습니다. 그래서 '청소년 철학창고'는 청소년의 눈높이에 맞추기 위해 선정에서부터 원문 구성에 이르기까지 많은 노력을 기울였습니다.

첫째, 책을 선정하는 과정에서부터 엄격함을 유지했습니다. 동양·서양·한국 철학의 전공자들이 많은 회의 과정을 거쳐, 각 시대마다 동서양과 한국을 대표하는 철학 고전들을 엄선했습니다. 특히 우리 선조들의 사상과 동시대 동서양의 사상들을 주체적인 입장에서 비교하고 검토할 수 있도록 했습니다.

둘째, 고전 읽기의 참다운 맛을 살리기 위해 최대한 원문을 중심으로 구성했습니다. 물론 원문 읽기의 어려움을 해결하기 위해 새롭게 번역하고 재정리했습니다. 그리고 청소년이라면 누구나 어렵지 않게 읽으면서 고전이 주는 의미와 내용을 이해할 수 있도록 설명을 덧붙였고, 전체 해설을 통해 저자의 사상과 전체 내용을 다시 한 번 정리해 주었습니다.

마지막으로 쉬운 것부터 읽기 시작하여 점차 사고의 폭을 넓혀가도록 난이도에 따라 세 단계로 구분을 했습니다. 물론 단계와 상관 없이 읽고 싶은 순서대로 읽어도 될 것입니다.

우리 선정위원들은 고전 읽기의 진정한 의미가 '옛것을 되살려 오늘을 새롭게 한다(溫故知新).'는 데 있다고 생각합니다. '청소년 철학창고'를 통해 자라나는 청소년들이 인간과 사물에 대한 깊은 통찰력을 키워, 밝은 미래를 열어 나갈 수 있기를 진정으로 바랍니다.

2005년 2월

선정위원   허우성(경희대 교수, 동양철학)   윤찬원(인천대 교수, 동양철학)
          정영근(서울산업대 교수, 한국철학)   허남진(서울대 교수, 한국철학)
          이남인(서울대 교수, 서양철학)   한자경(이화여대 교수, 서양철학)

들어가는 말

　우파니샤드는 "나는 누구인가? 삶의 의미는 무엇인가?"라는 물음에 대한 탐구심이 만든 고대 인도의 고전이다. 그러므로 이 책은 존재와 삶에 대해 진지하게 생각하는 기회를 줄 것이다.

　우파니샤드는 어느 한 사람이 쓴 철학 책이 아니다. 수백 년 동안 수많은 선지자들의 사색이 이것을 만들어 냈다. 수백 년이나 걸려 우파니샤드가 형성되는 동안, 그 내용에 일관성이 부족하거나 서술 방식이 체계적이지 못한 문제도 생겼지만, 존재나 삶에 대해 새로 고민하기 시작한 새로운 세대에게는 언제나 등불과 같은 구실을 해 왔다.

　현대 사회는 매일매일 수많은 지식과 정보들을 쏟아 내고 있다. 지식과 정보는 우리들이 살아가는 데 큰 도움이 되기 때문에 누구나 더 많이 알려고 애쓴다. 그런데 많은 지식과 사상, 정보들이 세상에 넘쳐나도 사람들이 더 잘 살게 된 것만은 아니다. 오히려 많은 사람들이 전보다 더 많이 불안해하고, 더 허탈해하고, 더 괴로워한다. 왜 그럴까? 어쩌면 너무 많은 지식과 정보를 읽느라 정작 자기 자신에 대해서는 생각해 볼 시간과 여유가 없어 안정되기 어렵고, 만족하기 어렵고, 행복하기 어렵기 때문이 아닐까?

　자기 자신에 대해 생각하고 고민하고 해결하는 방법은 시대에 따라 다르다. 고대 인도에서는 이렇게 자기 자신에 대해서, 자기의 삶에 대해서 생각하는 것을 '삶을 보는 방법(darshana)', 즉 철학이라고 했다. 철학은 서양에서처럼 '지혜에 대한 사랑(philo sophia)'이기도 하지만, 이렇게 '삶을 보는 방법'이기도 하다. 지혜에 대한 사랑 역시 결국은 삶에 대해 생각하는 것이기 때문이다.

'보는 방법'의 철학에는 정답이 없다. 인도의 가장 오래된 가르침은 "하나의 진리를 두고, 여러 현명한 사람들이 각기 여러 가지 방법으로 말한다."라는 것이다. 우파니샤드는 자기 자신이 누구인가, 혹은 삶의 의미는 무엇인가에 대한 모범 정답을 보여 주지는 않는다. 자신과 삶에 대해서 진지하게 생각하는 여러 개의 과정들을 보여 줄 뿐이다. 그런 면에서 우파니샤드가 많은 철학자들에게 미친 영향은 실로 대단한 것이었다.

이 책은 주요 우파니샤드로 꼽히는 18종의 우파니샤드 가운데 일부만을 뽑아, 열 가지 주제로 다시 구성한 것이다. 원문 자체가 체계적으로 구성된 것이 아니기 때문에 우파니샤드를 읽는 방법은 수백 가지가 될 수 있다. 그런 점에서 이 책은 그 많은 방법 가운데 하나를 제시할 뿐이다.

고전이란 시대와 문화가 달라져도 오래도록 사랑받는 책이지만, 오래도록 사랑받는 그 좋은 내용에도 불구하고, 고전은 점점 더 독자들의 손에서 멀어지고 있다. 그 언어와 개념이 독자들에게 어렵게 느껴지기 때문이다.

이 책이 어려운 낱말과 복잡한 개념을 쉽게 풀어 줌으로써, 새로운 세대가 우파니샤드 철학을 탐험하고 스스로 자신의 삶을 진지하게 생각하도록 하는 작은 기회가 되기를 바란다.

2005년 2월
이재숙

'청소년 철학창고'를 펴내며_ 5
들어가는 말_ 7
우파니샤드의 주요 개념_ 10

1   염라대왕과 나찌께따_ 18

2   나에게 소중한 사람_ 38

3   씨앗 속에 무엇이 들어 있나_ 58

4   감각의 한계_ 78

5   신들의 자만_ 98

6   천둥의 노래_ 112

7   하늘을 감싼 것을 감싸고 있는 것은?_ 132

8   가까이 그리고 멀리에서_ 156

9   둘을 구분해서 보기_ 174

10   요가의 진실_ 192

인도 철학의 젖줄, 우파니샤드_ 210

우파니샤드의 주요 개념

아뜨만과 브라흐만 '아뜨만(ātman)'은 자기 자신 혹은 자신의 참모습을 가리킨다. 이 말은 사람의 몸을 채우고 있는 '기(氣)'나 '숨(息)', 그리고 그런 것들의 본체라는 의미도 된다. 이것을 때때로 '뿌루샤(puruṣa)'라고 부르기도 하는데, 뿌루샤가 '몸 안에 자리잡은 자'를 뜻하기 때문이다. 우파니샤드에서 뿌루샤는 개인의 몸 안에 자리잡은 아뜨만을 구체적으로 가리키는 용어로 사용된다.

우파니샤드의 가장 큰 주제는 이 아뜨만, 즉 자신의 참모습을 발견하는 것이다. 단, 자신의 정체를 파악하되 자신을 둘러싼 세계, 자연 등 모든 것이 자신과 다른 어떤 것이 아니라, 서로 가깝게 연결되어 있음을 함께 파악하라는 것이다. 이것은 한마디로 자신과 자신이 포함된 세상 전체를 구분하지 않고 똑같이 여겨야 한다는 뜻이다. 이것을 범아일여(梵我一如) 사상이라고 한다. '범(梵)'은 브라흐만을 한자로 옮긴 것이고, '아(我)'는 아뜨만을 한자로 옮긴 뜻이다. 즉, 브라흐만과 아뜨만은 하나와도 같다(一如)는 것이다.

그렇다면 브라흐만이란 무엇인가? 브라흐만은 '널리 퍼져 있는 것'이라는 뜻이다. 즉, 세상 전체에 퍼져 있는 우주적 영혼, 우주적 참모습이며 세상의 근원이다. 따라서 브라흐만은 유럽 인도어에서 구별하는 남성, 중성, 여성 가운데 어느 성에도 속하지 않는, 그러면서도 모든 것을 알고 모든 것을 할 수 있는 완전한 존재다. 이것은 모든 세상의 에너지원이며 원천이다. 그래서 그러한 존재를 어떤 말로도 이름지을 수가 없어 '넓게 펼쳐져 어디든지 존재하는 것'이라고 불렸던 것이다.

| 세상, 마야, 무명 | 우파니샤드에서는 사람이든 무엇이든 한 번 죽으면 끝나는 것이 아니라, 다시 태어나 살기를 반복한다고 한다. 이렇게 생각하면 이 세상은 배우가 연기를 하듯, 사람이 살아가는 무대인 것이다. 배우가 연기에 몰두하다 보면 자신의 본모습을 잊고 스스로 그 배역에 심취하듯, 사람도 세상을 살면서 자신의 본모습을 잊고 그 역할에 심취한다. 그러나 배우도 연극이 끝나면 자기 본래 모습으로 돌아와 집으로 간다. 그 집을 우파니샤드에서는 바로 우주의 본체이며 영혼인 브라흐만이라고 부른다.

우파니샤드에서는 세상이 연극 무대처럼 진짜 집이 아니고, 잠시 머무는 곳이기 때문에 환영(幻影)과도 같은 것이라고 한다. 이것을 마야(māyā)라고 하는데, 우주의 본체이며 창조의 근원인 브라흐만이 만들어 놓은 그물망이라고도 하고, 본래 존재하는 것이 아니라 사람의 마음이 만들어 낸 것이라고도 한다.

그러나 마야를 환영이라고 하는 것이 세상이 아무것도 아닌 환상이라는 뜻은 아니다. 다만 세상은 영구적으로 사용하는 공간이 아니라 잠시 사용하는 공간일 뿐이라는 뜻이다. 브라흐만은 우주의 본체이고, 시간이나 공간을 초월해서 항상 존재하는 것이지만 세상은 늘 변하고 바뀐다. 그렇기 때문에 세상을 환영이라고 하는 것이다.

그런데 자신이 살고 있는 세상이 영원할 것처럼 자만하거나 자포자기하는 사람, 그리고 자신이 돌아가야 할 곳을 기억하지 못하는 사람을 지혜가 부족한 사람, 즉 무지한 사람이라고 한다. 이것이 바로 무명(無明, avidhya)이다. 그러니까 무명은 우리의 눈을 가려 자신의 참모습, 우주의 근원을 볼 수 없게 방해하는 장애물이다. 이것은 거울과 같이 맑은 마음에 자신의 참모습에 대한 지혜를 담아야만 없앨 수 있다.

| 개체아 |

개체아(個體我, jīvātman)는 자신의 참모습(아뜨만)을 자기 안에 품고 세상을 살아가는 사람 개개인을 말한다. '개체'는 '전체'와 반대다. 현실에서 세상을 살아가는 주체가 바로 '개체아'다. 자신의 참모습을 발견할 수 있는 주체도 개체아고, 자신의 재능을 발전시킬 수 있는 주체도 개체아다. 또 자신의 의지에 따라 자신의 겉모습에만 몰두하거나, 재능이나 운이 없다고 낙담한 채 자신을 계발하지 않고 아무렇게나 살아가는 것도 개체아다. 그러므로 우파니샤드에서는 개체아의 의지가 가장 중요하다고 말한다. 정해진 것은 아무것도 없기 때문이다. 자기의 의지로 자기의 미래를 선택하는 주체가 개체아, 바로 사람이다.

| 업과 윤회 |

우파니샤드는 이 세상에서 자신의 미래를 만들어 가는 것은 바로 자신이기 때문에, 스스로 어떤 행위를 하고 어떤 일을 하는가에 따라 그 결과를 자신이 받는다고 한다. 이것이 바로 업(業, karma) 사상이다. 즉, 행한 대로 거둔다, 또는 뿌린 대로 거둔다는 것이다.

그런데 어떤 사람은 자기가 행한 일에 대한 대가를 치르지 않고 살아가는 것처럼 보이기도 한다. 그것은 행위를 하고 대가를 치르는 주체가 그 사람이라기보다는 개체아이기 때문이다. 개체아는 몇 번이고 다른 몸으로 태어나 전생의 업을 겪는다. 우리가 세상을 살면서 볼 수 있는 사람들은 각기 그 개체아가 그 몸을 입고 태어난, 한 번의 일생 가운데에 있는 존재인 셈이다. 이렇게 몇 번이고 태어나고 죽고, 또 태어나고 죽는 것을 윤회(輪廻, saṃsāra)라고 한다. 개체아는 자신의 선택에 따라 행위를 하고, 그 좋고 나쁜 결과에 대한 대가를 치르기 위해 또 태어나고 또 다시 태어나는 것이다.

그렇다면 윤회를 그만할 수는 없는 것일까. 우파니샤드에서는 그것도 개체아가 하기 나름이라고 한다. 만일 어떤 행위를 하든 아무런 욕심이나 집착을 두지 않는다면, 씨를 뿌리지 않는 것처럼 거둘 것도 없다고 한다. 그렇게 되면 해탈하는 것이다.

| 해탈 | 윤회를 그만하게 되는 것을 해탈(解脫, mokṣa)이라고 한다. 인도 철학에서는 세상을 살아간다는 |

것이 즐거움이라기보다 고통이라고 보기 때문에, 윤회를 그만하게 됨으로써 고통의 굴레에서 벗어나는 것을 삶의 목적, 윤회의 목적이라고 말한다. 따라서 해탈이란 그 어느 곳에도 얽매이지 않고, 완전히 자유롭고, 완전히 행복한, 어쩌면 말로는 설명할 수 없는 이상향이다. 사람은 누구나 구속받기 싫어하고 자유롭기를 원하는데, 그것은 바로 본능적인 해탈의 욕구 때문이다.

"왜 사는가?" 하는 질문에 우파니샤드식으로 대답한다면 "해탈하기 위해서"가 될 것이다. 그것은 완벽하게 자유로워지고 싶은 모든 생물의 가장 큰 소망이고 가장 큰 행복이다. 해탈의 길은 각자의 자리에서 나와 남과 세상을 모두 하나로 생각하고, 스스로 책임질 수 있는 행위를 선택하여 최선을 다해 살아가는 것이다. 결국 가장 행복해지기 위해서는 행복해지려는 욕심과 집착을 버려야 한다는 이야기다.

신의 개념과 신적 존재들

우파니샤드는 신에게 제사를 지내 복을 구하는 기복 신앙과 이론에 반대한다. 우파니샤드의 관심은 신이 아니라 인간이고, 우파니샤드 철학은 인간의 존재(방식)를 고민하는 철학이다. 따라서 우파니샤드의 가장 큰 주제인 아뜨만과 브라흐만은 신의 영역이 아니라 인간의 영역에서 파악해야 할 존재의 본질이다. 그런 까닭에 우파니샤드에 등장하는 신들은 종교의 신과는 달리, 인간의 존재 문제를 드러내기 위해 동원된 다양한 은유적 도구에 불과하다.

아그니(Agni, 불의 신), 바유(Vāyu, 바람의 신), 인드라(Indra, 천둥의 신)는 인도 사상이 형성되어 기록으로 전해진 베다 시대의 주요 신들로, 베다에서는 가장 대표적인 신들이지만, 우파니샤드에서는 단지 이야기를 끌고 가기 위한 등장 인물에 불과하다. 베다 시대의 신들 가운데 바수(Vasu, 생명의 신), 루드라(Rudra, 파괴의 신), 아디띠야(Āditya, 태양신의 일종)도 등장하지만, 역시 전혀 중요한 역할을 하지 않는다.

우파니샤드는 베다의 신뿐 아니라 인도 신화에 나오는 신들도 이야기에 끌어들인다. 인도 신화에서 신적 존재로 분류되는 존재에는 브라흐마(Brahmā, 창조주), 쁘라쟈빠띠(Prajñāpati, 조물주), 삐뜨라가나(Pitrgaṇa, 조상신·귀신), 간다르와(Gandharva, 반인반신의 음악의 신), 약샤(Yakṣa, 부의 신인 꾸베라를 보좌

하는 신), 아수라(Asura, 지하에 사는 악마) 등이 있다.

이 가운데 브라흐마는 신화 시대의 대표적인 신으로, 비슈누(Viṣṇu, 유지의 신), 쉬와(Śiva, 파괴의 신, 일반적으로 '시바'라고 한다)와 함께 우주의 3대 원리를 표현하지만, 우파니샤드에서는 엑스트라처럼 잠깐 나오고 만다. 쁘라쟈빠띠도 이야기 속에 여러 번 등장하지만, 마찬가지로 은유적 도구일 뿐이다. 우파니샤드는 신화에서처럼 조물주가 사람을 만들었다는 이야기를 하려는 것이 아니라 자만심, 욕심, 이기심과 같은 설명하기 어려운 주제를 전달하기 위해서 신을 잠깐 빌려 올 뿐이다.

우파니샤드가 설명하려고 하는 근원 존재 브라흐만은 설명할 길이 없는 존재다. 그렇기 때문에 창조주, 조물주, 베다의 신들이 등장하는 이야기를 함으로써 그 이상의 근원 존재를 상상해 보도록 하는 것이다. 따라서 우파니샤드에 나오는 신들은 어떤 위계도 없고 계보도 없다. 다시 말하면 우파니샤드에서는 신이 그 자체로는 살아 움직일 수 없는 막대인형에 지나지 않는다.

이런 신은 신화에서는 다양한 권능을 자랑하지만, 우파니샤드에서는 비유, 은유, 상징의 수단으로만 의미가 있다. 신을 등장시켜 비유, 은유, 상징, 그리고 함축을 통해서 설명할 수 없는 브라흐만을 설명하고자 하는 것이 바로 우파니샤드식 강의법이다.

1. 이 책은 인도 철학사의 가장 대표적인 고전인 《우파니샤드》의 주요 내용을 풀어서 쓴 것이다. 본문에 직접 인용한 원문들은 인도 철학에서 인용 횟수가 많은 18개의 우파니샤드를 우리말로 번역한 《우파니샤드》Ⅰ, Ⅱ(한길사)에서 추린 것이다.

2. 이 책은 우파니샤드의 내용을 쉽게 전달하기 위해 쓰여졌다. 이러한 일차적인 목적을 염두에 두고, 임의로 구성한 10개의 주제를 우파니샤드 원문과 해석, 해설을 사용하여 읽기 쉽도록 구성했다.

3. 인용한 원문에서도 개념이나 내용을 이해하는 데 반드시 필요한 부분을 택해 쉽게 다듬어 문맥의 상황과 함께 소개하고 해설했으며, 부차적인 개념이나 배경적 지식은 가능한 한 줄였다.

4. 산스끄리뜨를 로마자로 표기할 때는 산스끄리뜨 로마자 표기안을 따랐다. 제목 '우파니샤드'를 제외하고 원어를 한글로 적을 때는 산스끄리뜨의 경음과 격음, 반자음, 음성 모음 등을 그대로 반영했다.

1

염라대왕과 나찌께따

죽음의 신이여, 죽은 사람들은 그 존재가 있는지 없는지, 그리고 그들이 간 저 세상에 대해 부디 가르침을 주십시오. 무척 심오하고 또한 함부로 알 것이 아님을 알고 있으나, 저 나찌께따는 이 밖에는 아무것도 여쭐 것이 없답니다.

I. 염라대왕과 나찌께따

나찌께따는 생각이 많고 호기심도 많은 소년이다. 어느 날 아버지가 제사를 지내시는 것을 본 나찌께따는 정말로 제사를 지내면 살아서만이 아니라 죽어서도 복을 받게 되는지, 그리고 죽음이란 무엇인지 꼭 알고 싶어진다. 아버지께 물었지만, 아버지는 이런 물음에 대답해 주지 못한다. 나찌께따는 어떻게 해서든지 알고 싶은 마음이 간절한 나머지 저승의 염라대왕을 만나러 떠난다. 그리고 염라대왕을 만나 제사를 지내면 정말로 살아서도 죽어서도 복을 받는지, 제사의 의미는 무엇인지, 사람이 죽으면 어떻게 되는지, 죽음의 의미는 무엇인지를 묻는다.

제사에 의례가 중요할까? 정성이 중요할까?

옛날 인도 사람들은 신들에게 지내는 제사[1]를 사람으로서 해야 할 가장 중요한 일이라고 생각했다. 제사를 지낼 때는 브라만[2]이라고 하는 사제들이 주문을 외우거나, 신에게 제물을 바치는 중요한 일을 모두 맡아서 했다. 사제가 하는 이런 일은 중요하고 공경을 받

---

[1] 원래 제사는 하늘과 땅, 태양, 달, 강 등 자연의 신들을 받들어 모시는 의례를 말한다. 제사의 목적은 신에게 지금 살아 있는 사람들이나 자손들이 잘 되게 도와주십사, 그리고 죽어서 좋은 곳으로 가게 해 주십사 하고 비는 것이다. 특히 이 이야기에서는 사람들이 죽은 뒤에도 복 받기를 간절히 바라는 것을 볼 수 있다.

을 만한 것이었기 때문에, 사람들은 모든 신분 가운데 사제 신분이
가장 고귀하다고 생각했다.

제사의 목적은 잘 살기 위함이다. 누구나 그렇듯이 지금도 잘 살
고 싶고, 또 죽어 저승에 가서도 잘 되기를 바라는 보통 사람들이 신
들에게 제사를 지냈다. 그런데 너도나도 제사를 지내다 보니 언젠가
부터 사람들은 서로 경쟁을 하기 시작했다. 점점 제사가 거창해지며
정성보다 의례가 중요한 것처럼 여겨졌다. 처음에는 밭에서 일군 곡
식 몇 알을 불에 태워 바치는 것으로 제사를 지냈는데, 나중에는 제
사에 참여하는 모든 사제와 이웃들에게 귀하디귀한 소[3]를 나누어
준다든가 돈을 나누어 주어, 경쟁적으로 제사를 크고 화려하게 지내
게 되었다.

지금 하려는 이야기에도 그렇게 자신의 재산을 바쳐서 이승과 저
승에서 복을 구하려는 욕심 많은 사제가 나온다. 이 사제는 좀 더 거
창하게 제사를 지내서 사람들의 부러움도 받고, 신들에게서 더 많은

2) 옛 인도 문헌에서는 사람의 신분이 넷이라고 했다. 흔히 카스트라고 부르는 브라만, 끄샤
뜨리야, 바이시야, 슈드라가 그것이다. 브라만은 사제로서 제사를 집행하고 학문을 전하
며, 끄샤뜨리야는 백성의 안전과 영토 확장을 위해 노력하고, 바이시야는 농사, 어업, 광
업, 상업 등 생산과 관련된 일을 하며, 슈드라는 이 세 신분의 사람들에게 봉사해야 한다고
했다. 하지만 실제로 모든 사람들이 이 네 신분에 속했거나 각 신분이 하는 일이 엄격하게
지켜진 것은 아니라고 한다.
3) 소는 사람에게 우유를 주기 때문에 가장 귀한 재산 가운데 하나다. 인도에는 우유로 만든 음
식이 많기 때문에 우유는 없어서는 안 될 귀한 것이다. 따라서 이런 우유를 제공하는 소는
귀한 대접을 받았다. 인도 사람들이 소를 숭배하는 이유는 이러한 문화적 배경 때문이다.

복도 얻어야겠다고 생각한다. 그래서 집에 있는 소를 열 마리나 제사에 바치기로 했다.

이 사제에게는 아들이 하나 있었다. 이름은 나찌께따였다. 옛날 인도에서는 신분이 세습되었다. 아버지가 사제면 당연히 아들도 사제였다. 나찌께따는 멋진 사제가 되기 위해 나름대로 열심히 성실하게 준비를 하고 있었다. 나찌께따는 글이나 시를 잘 짓기 위한 공부도 했고, 좋은 발음법에 대해서도 공부했다. 밤하늘을 잘 살펴보고 어떤 일을 하기에 좋은 때인지 아닌지를 알아내는 법, 여러 신들에게 제사를 지내는 법, 신들을 기분 좋게 만들어 주는 찬양가, 옛 성현들의 말씀이 적힌 책들도 공부했다.

어느 날 나찌께따가 마당에 나가 보니, 아버지가 제사 지낼 준비를 하고 있었다. 아버지는 사람들을 시켜서 집에 있는 소들을 모두 제사장으로 끌고 가라고 했다. 그것을 본 나찌께따는 '아하, 오늘은 소들을 바쳐서 제사를 지내시려는구나.' 하고 생각했다. 그런데 가만히 보니까 모두 늙어서 우유도 안 나오고 새끼도 낳을 수 없는 소들만 있는 것이었다.

나찌께따는 문득 이런 생각이 들었다.

'풀도 물도 더 이상 먹지 못하고
우유도 더 이상 짜낼 수 없을 만큼 짜냈으며

새끼를 낳을 수도 없는 저렇게 늙은 소를 바쳐 가지고는

아무리 원한다고 해도 기쁨이 있는 세계로 갈 수 없을 거야.'

(까타 우파니샤드 제1부 1장 3절)

훌륭한 사제가 되리라 마음먹고 공부를 열심히 해 온 나찌께따는
신을 기쁘게 하기 위해 제사에 바치는 소들이 이 모양인 것을 보고
안타깝기 그지없었다. 신에게는 가장 소중한 것, 귀한 것을 정성으
로 바쳐야 하지 않는가. 나찌께따는 아버지에게 물었다.

"아버지, 그럼 저는 누구에게 바칠 건가요?"

(까타 우파니샤드 제1부 1장 4절)

아무리 제사에 자기의 가장 소중한 것을 바친다고 해도 어떻게 자
식을 바칠 수 있단 말인가? 아버지는 당연히 화를 냈다.

"아니, 이 녀석이……, 무슨 엉뚱한 소리냐. 저리 비켜라!"

하지만 나찌께따는 계속해서 조르듯이 물었다. 그러자 아버지는
너무 화가 나서 아무렇게나 소리를 질러 버렸다.

"죽음의 신에게 줘 버리겠다!"

(까타 우파니샤드 제1부 1장 4절)

번쩍! 나찌께따에게는 그 순간 '죽음의 신'이란 말이 천둥처럼 크게 울려 왔다. 죽음의 신이란 염라대왕[4]을 말하는 것이었다. 저승과 죽음, 사람의 일생 같은 것들에 대한 궁금증과 묘한 호기심[5]이 파도처럼 밀려왔다.

> '옛날 사람이나
>
> 지금 이곳에 살고 있는 아무리 훌륭한 사람일지라도
>
> 인간은 누구나 밭에서 나는 음식처럼
>
> 익고, 죽고, 또 새로 나고 있다.'
>
> (까타 우파니샤드 제1부 1장 6절)

나찌께따는 천천히 아버지에게 말했다.

"아버지. 모두가 다 죽음을 피할 수 없다면, 아버지는 왜 귀하디귀한 것들을 모아서 제사를 지내시는 거죠? 저는 어차피 죽어 염라대왕에게 갈 몸, 지금 염라대왕을 찾아가서 왜 사람이 태어나고 죽는

---

4) 인도의 고전어인 산스끄리뜨로 '야마(Yama)'라고 한다. 이것을 중국에서 비슷한 소리를 따서 한자로 적은 것이 '염마(閻魔)', 혹은 '염마라(閻魔羅)'였고, 이것을 우리나라에서 염라왕, 염라대왕이라고 읽었다. '야마', 즉 '염라'는 모든 사람을 똑같이 대하는 신이라는 뜻도 있다. 염라대왕은 모든 사람을 똑같이 대하고, 잘하고 못한 것을 판결하기 때문이다.
5) 호기심이야말로 베다 정신이다. 훌륭한 사제가 되기 위해서는 베다 학습이 필수 과정인데, '베다'는 '지식', '알아야 할 것'이라는 뜻이다. 즉, '베다'는 '인간으로서 알아야 할 자연과 신에 대한 지식'을 의미한다.

지, 어차피 죽어야 한다면 왜 살아야 하는지 물어봐야겠어요."

　나찌께따는 긴 모험 길에 나서는 용감한 용사처럼 마음을 굳게 다지고, 이렇게 아버지께 작별인사를 드렸다. 아버지는 갑작스런 아들의 행동에 어찌해야 할 바를 몰랐다. 하지만 아들은 더할 나위 없이 진지하고 확고한 표정으로 아버지께 절을 올리고, 뒤로 돌아 멀어져 갔다. 아버지는 아들을 잡으려고 했지만 아무 소용이 없었다. 그 어떤 귀한 것보다도 귀한 나찌께따, 사랑하는 아들을 갑자기 잃은 당혹감과 충격, 그리고 아들의 호기심을 대수롭지 않게 여긴 자신의 말과 행동에 대한 후회로 아버지는 정신이 아득해졌다.

　한편 나찌께따는 엄청난 고생 끝에 저승의 문 앞에 도착했고, 염라대왕의 궁을 찾아가 그 앞에서 누구든 나오기를 기다렸다. 하루, 이틀, 사흘, 시간이 계속 지나갔지만 아무도 나오지 않았고, 자그마한 인기척도 없었다. 그래도 나찌께따는 혹시나 자리를 비웠을 때 누가 나오면 어쩌나 걱정이 되어 무작정 기다리고 또 기다렸다.

　옛날 인도에서는 신분에 따른 의무와 권리를 중시했다. 사제는 무조건 대접을 잘 받을 권리가 있었다.[6] 나찌께따도 아직 어리기는 하

---

6) 사제들은 제사를 지내 주고, 사람들에게 신과 제사에 대해 가르친다. 그 대신 나머지 사람들은 사제들을 공경하고, 늘 그 은혜에 대한 보답으로 먹을 것을 제공했다. 불교에서 스님들이 집집마다 다니면서 탁발하는 것은 바로 브라만들이 사람들에게서 양식을 제공받던 전통적인 관습에서 생긴 것이다. 이런 관습은 신분을 바탕으로 한 것이기 때문에, 브라만은 나이에 상관 없이 사람들에게 공경을 받았다.

지만 신분으로는 아버지처럼 사제, 그러니까 인도의 신분 제도로 브라만이다. 그런데 찾아간 집 앞에서 이렇게 아무런 관심도 못 받고, 아무런 공양도 받지 못한 채 사흘이나 무작정 기다린 셈이었다. 이렇게 되면 그 집 주인은 브라만에 대한 예의를 다하지 않은 것이기 때문에 자신의 잘못을 참회해야 하는 것이 관례였다. 사흘이 지나서야 문이 열리고 누군가 나왔다. 머리에 뿔이 나 있거나 무시무시한 모습은 아니었지만, 위엄 있는 풍채가 바로 그 궁의 주인인 염라대왕임을 말해 주었다.

"오, 브라만, 그대에게 고개 숙이오.

나에게 자비를 베풀어 주시오.

그대는 당연히 경배받아야 할 손님임에도

나의 집에 와서 세 번의 밤을 식사도 없이 지냈으니

사흘 동안이나 그대를 대접 못 한 것을 대신해

지금 세 가지 소원을 말하면 들어주겠소."

(까타 우파니샤드 제1부 1장 9절)

나찌께따는 속으로 참 다행이라고 생각했다. 어떻게 말을 꺼내 알고 싶은 것을 묻나 걱정했는데, 일이 저절로 잘 풀리고 있었다. 나찌께따는 당장 가장 궁금한 죽음에 관한 문제를 답해

달라고 하고 싶었지만, 그보다 먼저 아버지가 자신을 잃고 슬퍼할 것이 마음에 걸렸다. 소원을 세 가지 들어준다고 했으니 궁금한 것을 차근차근 물어봐야겠다고 생각했다. 나찌께따는 자신의 궁금증을 푸는 것이 무엇보다도 급한 일이었지만, 한 번더 생각해 보고 현명하게 처신했다. 나찌께따는 또박또박한 소리로 이렇게 말했다.

"죽음의 신이여,
제 아버지의 이름은 가우따마 와즈슈라와입니다.
제가 아버지께 돌아갈 수 있게 해 주세요.
그리고 아버지가 제게 화를 풀고 기뻐할 수 있도록 해 주세요.
이것이 세 가지 소원 중 첫 번째 소원입니다."

(까타 우파니샤드 제1부 1장 10절)

염라대왕은 사람이 살아 있을 때 한 모든 행동에 대해서 잘잘못을 일깨워 주고 판결을 내려 주는 신이다. 그런데 이렇게 효심이 깊고 차분한 소년의 행동을 보니 참으로 기특하기 이를 데 없었다.

염라대왕은 마음이 흐뭇해져서 그러마 하고 약속했다. 붙잡는 아버지를 뒤로 하고 올 때 나찌께따는 불효막심한 아들인 척했지만, 속으로는 나이 드신 아버지가 많이 걱정되었던 것이다.

이제 두 번째 소원을 말할 차례였다. 죽음을 무릅쓰고 찾아와 얻은 세 가지 소원이 아닌가. 정말이지 잘 선택해서 말해야 했다. 나찌께따는 아주 신중하게 생각했다. 그리고 이번에는 제사에 대해 자세히 알아야겠다고 결심했다. 아버지가 소를 바치면 이세상과 저세상에서 잘 살 수 있는지, 저세상에서 잘 사는 것은 어떻게 사는 것인지, 그리고 그것이 가능한지가 궁금했던 것이다.

"죽음의 신이여, 천상에는 아무런 두려움이 없고
그곳엔 당신의 힘도 미치지 않지요.
어느 누구도 늙는 데 대해 두려움이 없고
배고픔과 목마름을 넘어
슬픔을 이기고 모두 행복하지요.
죽음의 신이여,
천상으로 가는 길이라는 아그니를
그대는 알고 있다고 들었습니다.
독실한 저에게
천상에 도달하게 해 주는 그 아그니에 대해 이야기해 주세요.
이것이 저의 두 번째 소원입니다."

(까타 우파니샤드 제1부 1장 12절~13절)

염라대왕은 점점 생각이 깊고 진지한 이 소년에게 반하게 되었다. 나찌께따가 제사라는 과정이 단순하게 원하는 것을 얻으려는 행위라고 생각하지 않고, 왜 제사를 지내는지 그리고 그 안에 담긴 의미가 무엇인지 알고 싶어한다는 것을 느낄 수 있었다. 염라대왕은 두 번째 소원 또한 기쁜 마음으로 들어주기로 했다.

> "나찌께따여, 천상에 도달하게 해 주는 것은 불의 신 아그니다.
> 이 아그니는 불멸의 세계를 얻을 수 있는 길이다.
> 또한 아그니는 그대 안의 깊은 동굴 속에도
> 머물고 있음을 알지어다."
>
> (까타 우파니샤드 제1부 1장 14절)

인도 사람들은 제사를 지낼 때 네모난 제단을 만들고 그 안에 불을 피워 불의 신 아그니를 모신다. 그리고 그 불에 곡물, 버터 같은 제물을 바쳤다. 비를 내려 주는 인드라 신에게 제사를 지낼 때도, 농사가 잘 되기를 빌기 위해 땅의 신 쁘리트위(Pṛthvi)에게 제사를 지낼 때도, 먼저 아그니 신에게 제물을 바치면 아그니 신이 그것을 태워 연기로 만들어 하늘의 해당 신에게 날라다 준다고 믿었다. 제물이 불에 완전히 타서 그 연기만이 신에게 간다는 것은, 제물이 얼마나 크고 많고 귀한 것인가가 기준이 아니라, 제물에 담긴 정성이 얼마나 간절한가가 중요하다는 의미다.

염라대왕의 말씀은 작은 곡물 하나라도 아그니 신에게 정성껏 바치면, 아그니 신을 통해서 그 사람이 천상에 갈 수 있다는 것이다. 그러니 아그니 신은 천상으로 가는 길이다. 길을 모르는 사람이 목적지에 도달할 수 없듯, 정성을 상징하는 아그니 신의 의미를 모르는 사람이 아무리 제사를 지낸다 한들 목적지에 도달할 수 없는 것이다. 영원히 죽지 않고, 아무런 두려움과 배고픔, 목마름, 슬픔도 없이 행복하게 살고자 하는 목적으로 제사를 지낸다면 제사의 의미, 즉 아그니의 의미를 알고 정성으로 지내야 한다는 것이 염라대왕의 말씀에 담긴 뜻이다.

그리고 천상의 여러 신들에게 제물을 날라다 주는 불의 신이 마음 속에 있다는 것은, 제물을 바치고 태워서 연기로 날리는 것보다 더 중요한 것이 진실한 마음으로 신에게 제사를 지내는 것이라는 의미다. 다시 말하면, 신에게 바치는 진실한 마음 없이 제물만 바치는 제사는 의미가 없다는 것이다.

이제 나찌께따는 아버지의 제사가 마음으로 하는 제사, 아그니 신을 바르게 알고 정성으로 드리는 제사가 아니라면 의미 없는 의례로 그치고 말 것임을 확실히 알게 되었다.

참모습을 알면 죽음에서 벗어난다

이제 마지막으로 한 가지 소원만 남았다. 자, 과연 나찌께따가 마지막 소원으로 무얼 말했을까. 처음부터 귀기울여 이야기를 들은 독자들은 아직 잊지 않았을 것이다. 맨 처음 나찌께따가 반드시 알아내고야 말겠다고 생각한 생로병사 문제. 왜 사람은 누구나 태어나고 자라고 늙고 병들어 죽는가, 그리고 죽으면 어디로 가는가 하는 문제에 대한 해답, 이것이 나찌께따의 세 번째 소원이었다. 나찌께따의 마음은 두근거렸다. 그는 너무나도 알고 싶은 이 문제의 답을 알아 내기 위해서 떨리는 것을 애써 참으면서 입을 열었다.

> "세상을 떠난 사람들이 궁금합니다.
> 어떤 사람들은 죽은 사람의 존재가 그 뒤에도 있다고 하고
> 어떤 사람은 없다고 말합니다.
> 당신에게서 지혜를 얻어
> 이 문제에 대한 궁금증을 풀게 해 주세요.
> 이것이 세 번째 소원입니다."
>
> (까타 우파니샤드 제1부 1장 20절)

그런데 이 말을 들은 염라대왕의 표정이 일그러졌다. 그러더니 조그만 목소리로 타이르듯 이렇게 말했다.

"그 문제에 대해서는

진작에 신들조차 의심을 품은 적이 있다.

그건 너무 어려운 문제다.

내가 쉽게 설명해 줄 수 있는 성질의 것이 아니구나.

나찌께따여, 그것 대신에 다른 소원을 말해 보렴."

(까타 우파니샤드 제1부 1장 21절)

아니, 지금까지는 척척 소원을 말하는 대로 다 들어주더니, 정작
나찌께따가 가장 알고 싶어하는 세 번째 소원은 들어줄 수가 없다
니, 이게 어찌된 일일까. 염라대왕의 표정은 지금까지와는 전혀 달
랐다. 하지만 나찌께따는 물러서지 않았다.

"죽음의 신이여,

신들도 알고 싶어했고,

당신도 쉽게 알 수 있는 문제가 아니라 하시니

저는 더더욱 알아야겠습니다.

그처럼 심오한 가르침을 당신 말고 또 누가 줄 수 있겠습니까.

게다가 저에겐 이것 말고 아무런 소원도 없습니다."

(까타 우파니샤드 제1부 1장 22절)

저런 저런……. 나찌께따가 다시 한 번 단호하게 말하자, 염라대왕은 당황하기 시작했다. 한번 약속한 것은 반드시 지켜야 하는 법, 나찌께따가 순순히 포기할 것 같지 않았다. 염라대왕은 나찌께따에게 무병장수, 금은보화 등 다른 소원을 다 들어줄 테니 제발 죽은 뒤의 문제에 대해서는 묻지 말아 달라고 사정했다. 그러나 나찌께따는 그런 유혹에 넘어가지 않았다.

"죽음의 신이여,
그런 쾌락들은 언제 사라지고 말지 모르는
그야말로 헛된 것들입니다.
게다가 사람들의 능력을 갉아먹지요.
이 짧은 저의 인생에 그런 쾌락들은 어울리지 않습니다.
저에게 주시지 말고 그냥 가지고 계십시오.

인간은 재물을 많이 갖는다고 해서
만족하지는 않습니다.
재물이야 얻을 만큼 얻을 것이요,
저의 수명도 당신께서 정하고 다스리는 동안은
지속되지 않겠습니까?
저는 죽음에 관한 가르침 말고 다른 것은 원하는 게 없습니다.

이미 늙거나 죽지 않는 신의 모습을 알고 난 뒤라면

아무리 저 땅에 사는 사람이라도

(수많은) 색깔과 흥분과 오락이 덧없음을 알진대

어느 어리석은 사람이 장수하기만을 바라겠습니까.

죽음의 신이여,

죽은 사람들은 그 존재가 있는지 없는지

그리고 그들이 간 저세상에 대해 부디 가르침을 주십시오.

무척 심오하고 또한 함부로 알 것이 아님을 알고 있으나

저 나찌께따는 이것 밖에는 아무것도 여쭐 것이 없답니다."

(까타 우파니샤드 제1부 1장 26절~29절)

나찌께따의 죽음에 대한 호기심은 돈이나 편안함 같은 것과 바꿀 수 있는 것이 아니었다. 진지하고 절실한 나찌께따는 편하게 해 주 겠다는 유혹에도 넘어가지 않았을 뿐 아니라, 세상에서 중요한 것은 어떻게 하면 편안하게 살 수 있는가가 아니라 어떻게 하면 바르게 살 수 있는가에 대한 문제임을 이미 알고 있었다.

염라대왕은 대답을 망설였다. 죽음의 신비는 함부로 아무에게나 발설할 수 있는 내용이 아니었다. 왜냐하면 죽음의 진실은 이해하기 도 어려울 뿐만 아니라, 잘못 이해하면 사람에 따라 엉뚱하게 죽음

이나 영혼 같은 문제에 지나치게 몰두하게 되기 때문이다. 하지만 자기 생각이 너무도 분명한 나찌께따에게 염라대왕은 결국 대답을 해 주기로 했다. 그러나 아직 어린 나찌께따가 이해할 수 있을지는 알 수 없었다. 염라대왕은 걱정과 기대, 불안과 희망이 뒤섞인 복잡한 심정으로 대답하기 시작했다.

> "소리가 없고
> 촉감이 없으며
> 형태와 맛
> 그 끝과 냄새 또한 없으니
> 그는 불멸의 존재로다.
> 또한 시작이 없고 끝이 없고
> 초월적이며
> 지극히 안정된 이 아뜨만을 알게 되면
> 그는 그 순간 죽음의 어귀에서 풀려난다."

(까타 우파니샤드 제1부 3장 15절)

과연 나찌께따는 염라대왕의 입에서 나온 말들을 제대로 이해하지 못했다. 염라대왕은 하나하나 다시 설명했다. '아뜨만'이라는 말은 '자기 자신'이라는 뜻이다. 즉, 자기의 참모습을 말한다. 사람이 죽는 이유를 알려면 사람의 참모습을 알아야 한다. 나찌께따의 세 번째 질문에 대한 염라대왕의 대답을 이해하는 데는 '사람의 참모습(아뜨만)'이라는 이해의 열쇠가 필요하기 때문이다.

사람의 참모습은 죽지 않는 영원한 존재다. 그런데 사람들은 이 참모습을 모르고 살고 있다. 일상 생활에서는 아무런 단서도 잡을 수 없기 때문이다. 그래서 영원히 죽지 않는 자신의 본래 자리로 가지 못한 채, 태어나 자라고 늙고 죽기를 반복한다. 그러니까 죽음은 죽음으로써 끝이 아니다. 오히려 죽음은 반복이다. 자신의 참모습을 모르는 한, 계속 의미 없이 살다가 죽기를 반복하는 것이다. 진정한 참모습을 알 때 사람은 드디어 죽음이 아닌 영원한 생명을 갖게 된다는 것이다.

이것은 바로 어리석은 사람들이 제사를 통해 도달하려는 천상보다도 더 큰 세상이다. 진정한 천상은 그저 하늘에 있는 낙원이 아니라, 더 이상 태어나지 않고 영원한 생명이 되어 늙거나 병들거나 죽지 않는 가장 자유롭고 행복한 상태다.

나찌께따는 혼란스러웠던 머릿속이 정리되는 느낌이 들었다. 사람은 몸이 죽는 것으로 끝나는 것이 아니다. 몸이 없어도 존재하는 참모습이 있다. 이 참모습은 존재의 목적을 달성할 때까지 다시 다른 몸을 입고 세상에 태어나기를 반복한다. 이것이 윤회다. 윤회를 벗어나기 위해서는 자기 자신의 참모습을 깨달아야 한다.

시간이 흐르는 것도 잊은 채 둘은 계속 묻고 대답했다. 염라대왕은 성심껏 답함으로써 나찌께따가 죽음과 영원한 생명의 심오한 진실을 깨달을 수 있도록 최선을 다했다. 죽음이란 영원히 죽지 않는 불멸의 뒷면, 영원한 생명의 뒷면이다. 영원한 생명을 이해하는 사람만이 죽음에 대해 알 수 있다. 결국 나찌께따는 동전의 앞면과 뒷면 같은 죽음과 영원한 생명에 대해 이해할 수 있게 되었다.

나찌께따는 제사를 통해서는 죽음을 건너 영원에 도달할 수 없다는 것, 그리고 아무나 알 수 있는 것이 아닌 죽음의 비밀까지 알게 되었다. 나찌께따는 세 가지 소원으로 얻은 세 가지 선물을 들고 아버지께로 돌아갔다.

2

나에게 소중한 사람

이 육신이 노쇠해도 그 브라흐만은 노쇠하지 않는다. 육신이 무기에 상처를 입고 죽음을 당해도 그 브라흐만은 죽음을 당하지 않는다. 이 브라흐만은 참이요, 이 안에 모든 욕망들이 담겨 있다.

2. 나에게 소중한 사람

야쟈왈끼야 성자는 재산을 가족에게 물려 주고 혼자 수행의 길을 가려고 한다. 그는 일생을 정리하고 일생 동안 가장 큰 목표로 삼아 온 완전히 자유로운 영혼이 되고자 생각했던 것이다. 그에게는 부인이 둘 있었는데, 첫째 부인 까띠야아니는 남편의 재산을 받고 남편의 뜻을 운명처럼 받아들이지만, 둘째 부인 마이뜨레이는 그것을 거절하면서 재산보다 더 귀한 것, 즉 삶에 대한 가장 귀한 지혜를 달라고 한다. 이에 대해 야쟈왈끼야 성자는 진정으로 큰 재산은 재물도 명예도 아닌 아뜨만, 즉 자신의 참모습을 아는 것이라고 말해 준다.

재산이 주지 못하는 영원한 삶

야쟈왈끼야 성자는 막 인생의 마지막 단계[1]로 나아갈 준비를 하고 있었다. 성자에게는 두 명의 부인이 있었다. 이제 이별을 고하고 모든 재산을 두 부인에게 나누어 주어야겠다고 생각했다.

---

1) 인도의 옛 문헌에서는 사람으로 태어나 학생기, 가장기(家長期), 숲 속 수행기, 초탈기(超脫期)를 거쳐 인생의 목표인 수행과 해탈의 길로 나아가는 것이 이상적인 삶이라고 한다. 학생기에는 학습을 통해 세상을 배우고, 가장기에는 가정을 꾸려 자식을 기르고, 숲 속 수행기에는 사회를 떠나 숲 속에 거주하며 수행을 하고, 초탈기에는 어느 곳에도 거처를 두지 않고 떠돌면서 수행하여 완전히 자유로운 영혼이 되기를 목표로 삼아야 한다는 것이다.

첫째 부인인 까띠야야니는 평범한 사람이었다. 그녀는 이별이 아쉽기는 하지만 남편을 존중하는 뜻에서, 그리고 배분받은 재산으로 남편의 빈 자리를 메꾼다는 생각으로 기꺼이 남편의 뜻에 따랐다. 그러나 둘째 부인인 마이뜨레이는 달랐다. 마이뜨레이는 자기 자신과 세상에 대해 생각이 많았다. 야쟈왈끼야 성자가 모든 재산을 남은 가족들에게 나누어 주고 아무런 미련 없이 자기 인생의 최대 목적지를 향해 출발하려고 하자, 생각 많은 마이뜨레이는 이를 계기로 다시 한 번 자신과 세상, 그리고 인생에 대해서 생각하게 되었다. 그녀는 재산보다도 남편이 재산과 가족을 모두 뒤로 하고 가려는 그 길이 더욱 궁금했다. 재산을 나누어 주겠다는 남편의 말에 마이뜨레이는 이렇게 말했다.

"만일 이 세상 모든 재산이 제 것이 된다면, 제가 그것으로 영원한 생명을 얻을 수 있을까요?"

(브리하다란야까 우파니샤드 제2장 4편 2절)

야쟈왈끼야는 뜻밖의 질문에 아내의 얼굴을 응시했다. 영원한 생명을 얻을 수 있느냐고? 아내는 지금보다 조금 더 잘 먹고 잘 산들 언젠가는 죽을 인생에 무슨 큰 변화가 있겠느냐고 묻는 것이었다. 물질적 풍요만으로 행복해지는 것은 아니라고 생각한 것이 틀림없었다. 야쟈왈끼야는 조용하지만 단호한 말투로 대답했다.

> "아니오. 당신의 삶은 많은 재산을 가진 다른 사람들과 마찬가지가 될 뿐이오. 재산으로는 영원한 생명을 이룰 수 없다오."
>
> (브리하다란야까 우파니샤드 제2장 4편 2절)

　　재산이 행복에 도움이 되기는 하지만, 그것으로 완벽한 행복을 이룰 수 있다거나 죽음을 피할 수 있는 것은 아니다. 우리는 세상에서 재산은 많지만 행복하지 못한 사람들, 오히려 재산 때문에 소중한 가족 사이에 다툼이 일어나는 것을 흔히 볼 수 있다. 그럼 도대체 무엇으로 사람은 행복해질 수 있을까. 재산 말고 또 무엇이 필요한 것일까.

　　마이뜨레이는 재산 말고 행복에 필요한 그 무엇, 어차피 죽음을 맞을 생명인 사람이 죽음으로 인해 불행해지지 않을 수 있는 그 무엇이 있을 것이라 생각했다. 남편은 지금 바로 그것을 위해서 가족 모두에게 이별을 고하고 재산을 던져 버리는 것이 아닐까. 남편이 평생을 바쳐 수행하는 것은 그것을 알고 있기 때문이 아닌가 생각한 마이뜨레이는 물질적 재산 대신 남편이 알고 있는 바로 그것을 달라고 해야겠다고 생각했다.

"저를 영원히 살게 해 주지 못할 재산을 가지고 제가 무엇을 하겠
습니까? 고귀한 당신께서 알고 계신 그것을 제게 말씀해 주십시오."

(브리하다란야까 우파니샤드 제2장 4편 3절)

야쟈왈끼야 성자는 생각이 깊고, 인생의 중요한 문제에 대해서 고
민하는 부인이 사랑스러웠다. 대부분의 사람들이 이런 문제에 관심
이 없고 고민하기를 꺼리며 눈앞의 편안함만을 좇아 사는데, 마이뜨
레이는 그렇지 않은 것이다. 둘째 부인 마이뜨레이는 언제나 생각이
깊어 정이 더 가더니, 오늘도 야쟈왈끼야를 기쁘게 했다.

야쟈왈끼야 성자는 영원한 생명에 대해 묻는 마이뜨레이가 스스로
자신의 참모습(아뜨만)에 대한 지식을 구하고 있음을 알았다. 이런 사
람에게 재산이니 명예니 하는, 세상 사람들이 귀하게 여기는 것들이
귀하게 여겨질 리가 없었다. 야쟈왈끼야 성자는 이런 지식을 구하는
사람에게는 아뜨만과 브라흐만에 대한 지식만이 통하리라는 것을
알고 있었다. 언젠가 아뜨만과 브라흐만에 대한 지식이 왜 필요하냐
고 묻는 누군가에게 야쟈왈끼야는 이렇게 대답한 적이 있었다.

"현명한 사람은 그 아뜨만을 알고 나서 자손에 대한 갈망, 재물
에 대한 갈망, 세상에 대한 갈망을 버리고 수도승으로 나서지요.
자손에 대한 갈망은 곧 재물에 대한 갈망이며, 재물에 대한 갈망은

곧 세상에 대한 갈망이라. 이들은 모두 갈망일 뿐이오. 그러므로 브라흐만을 아는 자는 세상에 대한 갈망이 아닌 배움으로 향하고, 어린아이와 같은 상태로 살기를 원하지요. 그는 어린아이와 같은 상태, 그리고 (지혜를 갖게 하는) 배움을 통해 성자가 되는 것입니다. 그는 이제 모든 것을 아는 성자가 되는 것입니다. 그러고 나면 그가 침묵하거나 침묵하지 않거나 언제나 브라흐만이니, 그가 따로 무엇을 하겠습니까. 그가 행하는 대로 그대로 되리니, 이것을 알게 하는 지혜 말고는 모든 것이 덧없는 것입니다."

(브리하다란야까 우파니샤드 제3장 5편 1절)

마이뜨레이는 재물이 영원한 것이 아님을 알고, 거기 매달리기보다는 영원한 참모습에 대해 배우고자 하는 현명한 사람이었다. 야쟈왈끼야 성자는 자신이 가진 아뜨만에 대한 지혜를 마이뜨레이에게 기꺼이 나누어 주기로 마음먹었다. 삶을 살아가면서 진정 큰 재산은 아뜨만, 즉 자신의 참모습을 아는 것이기 때문이다.

참모습을 제대로 알게 되면 자신의 참모습뿐 아니라 다른 사람의 참모습과 세상의 참모습에도 눈을 뜨게 되고, 다른 사람과 세상도 귀하게 여기게 된다. 그것은 곧 스스로를 이기적인 작은 존재에서 영원하고 자유로운 행복한 존재로 바꾸는 길이다. 이것이 바로 순간이 아닌 영원을 사는 길이며, 삶의 의미를 찾아 행복해지는 길이다.

"남편이 사랑스러운 것은 남편의 사랑스러움 때문이 아니라, 그 사람 안의 아뜨만이 사랑스럽기 때문에 사랑스러운 것이오. 아내가 사랑스러운 것은 아내의 사랑스러움 때문이 아니라, 그 사람 안의 아뜨만이 사랑스럽기 때문에 사랑스러운 것이오. 아들이 사랑스러운 것은 아들의 사랑스러움 때문이 아니라, 그 사람 안의 아뜨만이 사랑스럽기 때문에 사랑스러운 것이오. 재산이 귀하게 느껴지는 것은 재산의 귀함 때문이 아니라, 그 재산의 아뜨만이 귀하기 때문에 귀한 것이오. 브라만은 브라만의 존귀함 때문에 존귀한 것이 아니라, 그 사람 안의 아뜨만이 존귀하기 때문에 존귀한 것이오. 끄샤뜨리야가 존귀한 것은 끄샤뜨리야의 존귀함 때문이 아니라, 그 사람 안의 아뜨만이 존귀하기 때문에 존귀한 것이오. 세상이 사랑스러운 것은 세상의 사랑스러움 때문이 아니라, 세상 안의 아뜨만이 사랑스럽기 때문에 사랑스러운 것이오. 신들이 사랑스러운 것은 신들의 사랑스러움 때문이 아니라, 그 안의 아뜨만이 사랑스럽기 때문에 사랑스러운 것이오. 생물들이 사랑스러운 것은 생물들의 사랑스러움 때문이 아니라, 그 안의 아뜨만이 사랑스럽기 때문에 사랑스러운 것이오. 모든 것이 사랑스러운 이유가 모든 것 자체의 사랑스러움으로 사랑스러운 것이 아니라, 그 안의 아뜨만이 사랑스럽기 때문에 사랑스러운 것이오."

(브리하다란야까 우파니샤드 제2장 4편 5절)

사랑스럽다, 소중하다는 것은 무엇인가? 사랑스럽다는 것은 몸뚱이가 보기 좋다는 것과는 다른 것이다. 상대에게서 가식이 아닌 진심을 보았을 때, 의도가 아닌 순수함을 보았을 때, 동감을 느낄 때, 의미나 가치를 발견할 때, 우리는 그 상대에게 사랑스러움을 느낀다. 그 이유는 무엇일까? 그 순간 참존재 아뜨만이 서로 교류하기 때문이다. 나의 참모습이 너의 참모습을 알아보는 것이다.

"브라만은 브라만을 아뜨만과 다르다고 아는 사람을 멀리하고, 끄샤뜨리야는 끄샤뜨리야를 아뜨만과 다르다고 아는 사람을 멀리하며, 세상은 세상이 아뜨만과 다르다고 아는 사람을 멀리하는 법이오. 신은 신들이 아뜨만과 다르다고 아는 사람을 멀리하고, 모든 생명체는 생명체들이 아뜨만과 다르다고 아는 사람을 멀리하고, 만물은 만물이 아뜨만과 다르다고 아는 사람들을 멀리하는 법이라오. 이 브라만, 이 끄샤뜨리야, 이 세상, 이 신들, 이 모든 생명체들, 이 모두가 곧 아뜨만이라오."

(브리하다란야까 우파니샤드 제2장 4편 6절)

아뜨만과 아뜨만은 서로 가까이할 때 편안함과 행복을 느낀다. 그러니까 사랑이나 행복을 느끼는 순간은 참존재를 느끼는 순간이라고 할 수 있다. 가식이 없을 때, 아무런 의도가 없을 때 우리는 우리의 참존재에 가까이 가고 있는 것이다. 그러나 참존재를 보지 않으려고 하는 사람, 자신뿐 아니라 다른 사람의 진심을 보지 않으려는 사람은 참존재에서 점점 멀어진다. 가까이 가면 갈수록 더 가까워지고, 다가가지 않으면 점점 더 알 수 없는 것. 그것이 바로 참모습이다.

 참존재를 가까이 느끼게 되면 사랑하는 상대가 무슨 옷을 입어도 곧 알아보는 것처럼, 어디에 있는 참존재라도 곧 알아볼 수가 있다. 그리고 그렇게 알아볼 수 있다는 것은 곧 참존재를 제대로 알게 되었다는 증거이기도 하다. 이처럼 참존재를 알면 근원 존재와 세상의 관계, 세상의 참모습을 알게 된다. 이렇게 자신과 자신을 둘러싼 참모습을 아는 것, 그래서 자신과 자신을 둘러싼 세상을 귀하게 여기는 것이 인생의 참의미다. 그럼 마이뜨레이가 물어본 영원한 생명이란 무엇일까. 야쟈왈끼야 성자는 자신의 참모습을 찾는 것이 바로 '영원한 생명'을 얻는 방법이라고 했다.

 이 육신이 노쇠해도 그 브라흐만은 노쇠하지 않는다. 육신이 무기에 상처를 입고 죽음을 당해도 그 브라흐만은 죽음을 당하지 않는다. 이 브라흐만은 참이요, 이 안에 모든 욕망들이 담겨 있다. 이 아뜨만은 옳고 그름의 구별이 없고, 노쇠함이 없고, 죽음이 없고, 슬픔이 없고, 걱정이 없고, 갈증이 없으며, 참욕망이요, 참의지다.

(찬도기야 우파니샤드 제8장 1편 5절)

아뜨만과 브라흐만은 참존재이기 때문에 늙거나 죽지 않는다. 자신이 본래 늙거나 죽는 존재가 아니라는 것을 깨달으면 그 순간부터 늙거나 죽지 않는다. 문제는 자신의 참모습을 알아야 한다는 것이다. 아무리 오래 살아도, 아무리 호화롭게 살아도 자신을 제대로 이해하지 못하면 몸이 죽을 때 그것으로 끝난다.

영원히 산다는 것은 몸을 편하고 즐겁게 하면서 단순히 오래 사는 것과는 다르다. 영원히 산다는 것은 참존재에서 시작하여 근원 존재로 돌아가 영원히 태어남, 죽음, 고통, 간섭과 같은 굴레에서 완전히 벗어나야 가능하기 때문이다. 그렇게 되면 참모습이 그러한데 왜 세상은 이렇게 여러 가지 모습을 하고 있는지, 왜 자신이 참모습을 찾기 어려운지도 이해할 수 있다.

"그것(아뜨만)은 마치 북을 칠 때, 밖으로 나는 (다양한) 소리를 (구분하여) 들을 수는 없지만, 북 혹은 북채의 (다양한) 두들김을 알면 그 소리를 (구별하여) 들을 수 있는 것과 같다오.

마치 소라나팔을 불 때, 밖으로 나는 (다양한) 소리를 (구별하여) 들을 수 없지만, 소라나팔 혹은 그 소리내는 방법을 알면 그 소리를 (구별하여) 들을 수 있는 것과 같다오.

마치 비나²⁾를 뜯을 때, 밖으로 나는 (다양한) 소리를 (구별하여) 들을 수 없지만, 비나 혹은 비나를 뜯는 방법을 알면 그 소리를 (구별하여) 들을 수 있는 것과 같다오."

(브리하다란야까 우파니샤드 제2장 4편 7절~9절)

악기를 잘 다룰 수 있는 사람은 그 악기의 다양한 소리를 듣기만 해도 어떻게 해서 나온 소리인지, 어떤 음인지 알 수 있다. 마찬가지로 아뜨만과 브라흐만의 지혜를 갖게 되면 세상에서 온갖 다른 모양을 하고 있는 사람들 속에서도 참모습을 알아볼 수 있다. 참모습이 바로 우리 모든 존재의 근원이기 때문이다.

아뜨만과 브라흐만

브라흐만이라는 근원 존재를 '이렇고 이렇다.'고 말할 수는 없지만, 거기에 도달하는 길은 산 정상에 오르는 등산길처럼 이미 정해져 있다. 길은 여러 갈래일 수 있다. 도중에 흔들림 없이 나아간다면, 브라흐만(전체의 참모습)은 아뜨만(개체의 참모습)이 물 흐르듯 흘러 저절로 닿을 목적지이기 때문이다.

---

2) 대표적인 인도 전통 현악기로, 비올라나 바이올린처럼 몸통에 현이 있다. 활로 현을 그으며 연주한다.

"그것은 마치 바다가 모든 물의 하나 되는 길인 것과 같고, 피부가 모든 감촉의 하나 되는 길인 것과 같고, 코가 모든 냄새의 하나되는 길인 것과 같고, 혀가 모든 맛의 하나 되는 길인 것과 같고, 눈이 모든 형태의 하나 되는 길인 것과 같고, 귀가 모든 소리의 하나되는 길인 것과 같고, 마음이 모든 생각의 하나 되는 길인 것과 같고, 마음이 모든 예술과 학문의 하나 되는 길인 것과 같고, 두 손이모든 행위의 하나 되는 길인 것과 같고, 생식기가 모든 기쁨의 하나 되는 길인 것과 같고, 항문이 모든 배설의 하나 되는 길인 것과같고, 두 발이 모든 움직임의 하나 되는 길인 것과 같고, 목소리가모든 베다의 하나 되는 길인 것과 같다오."

(브리하다란야까 우파니샤드 제2장 4편 11절)

모든 물은 바다에 가서 하나가 된다. 모든 감촉은 피부에서 느껴진다. 모든 냄새는 코에서 느껴진다. 이렇게 모든 것이 하나가 되는곳이 있는 것처럼 개개의 존재들도 하나가 되는 곳이 있는 것이다.
또한 브라흐만이 세상의 참모습이고 근원이라는 것은 물에 녹은소금에 비유할 수 있다.

"그것은 마치 물에 소금 덩어리를 풀어 놓았을 때 소금이 물속에녹아드는 것과 같다오. 이때 손으로는 물속에서 소금을 잡을 수 없지만 물의 어느 부분을 취해 보든, 그 맛이 소금 맛이 아니겠소. 그처럼 위대한 존재, 끝이 없고, 경계가 없는 그(근원 존재)는 '의식(意識)'으로 세상 속에 녹아 들어 있다오. 세상의 생명체들이 모두 합쳐져 생겨났다가 다시 그 생겨난 곳으로 사라지는 것이니, 그것을 알고 나면 더 이상 (개별적인) 의식은 없다오. 이것이 내가 그대에게 말하고자 한 것이오."

(브리하다란야까 우파니샤드 제2장 4편 12절)

자신의 참모습을 알든 알지 못하든 간에 존재들은 근원 존재에서 생겨나고 근원 존재로 다시 소멸되기를, 장작불에서 튕겨 나왔다가 다시 들어가는 불똥처럼 반복한다. 이것을 알게 되면 더 이상 반복하지 않는다. 다시 말해 불똥이 튕겨 나오지 않게 되는 것이다.

마이뜨레이는 혼란스러웠다.

"근원 존재는 물질이 아닌 의식으로 세상 속에 녹아 있다고 하시면서 근원 존재를 알고 나면 더 이상 개별 의식은 없다고 하시니, 의식이 없어지다니요? 일부러 저를 혼란스럽게 하시는 것입니까? 좀 더 설명해 주세요."

그러자 야쟈왈끼야 성자가 말했다.

"내가 그대를 혼란스럽게 하다니, 그렇지 않소. 자, 그렇게 혼동하지 말고 내 말을 잘 듣고 이해하시오."

"둘이 존재하는 곳에서만이 하나가 다른 것을 냄새 맡을 것이고, 하나가 다른 것을 볼 것이고, 하나가 다른 것을 들을 것이고, 하나가 다른 하나에게 말할 것이며, 하나가 다른 하나를 생각할 것이며, 하나가 다른 하나를 알 것이오. 그러나 모든 것이 아뜨만이 되고 난 곳에서 누가 누구를 냄새 맡을 것이고, 누가 누구를 볼 것이고, 누가 누구를 들을 것이고, 누가 누구에게 이야기할 것이고, 누가 누구를 생각할 것이며, 누가 누구를 알겠소? 그가 모두를 알게 하니 그를 무엇으로 알 수 있단 말이오? 우리로 하여금 '알게 하는 자'를 (아는 힘으로) 알 수 있겠소?"

(브리하다란야까 우파니샤드 제2장 4편 14절)

동쪽으로 흐르는 강들은 동쪽으로 가고, 서쪽으로 흐르는 강들은 서쪽으로 가니, 그들은 바다에서 나와서 바다 그 자체로 가는 것이다. 그들은 그렇게 다시 바다와 하나가 된다. 그러나 그들은 개별 의식, 즉 '나는 이 강' '나는 저 강'이라고 의식하지 않는다.

마찬가지로 그 존재에서 나온 이 세상 모든 것도 '우리가 그 존재에서 나왔다.'고 깨닫지는 못한다. 다만 세상에서 어떤 모습으로 살았든 간에 호랑이, 사자, 이리, 돼지, 곤충, 여치, 파리, 혹은 모기, 그 무엇이었든 간에 모두 그 존재 자체가 되는 것이다.

(찬도기야 우파니샤드 제6장 10편 1절~2절)

의식이 없어지는 것이 아니라 의식까지도 하나가 되기 때문에, 그 안에서 누가 누구를 의식할 일이 없어진다는 것이다. 각각으로 존재할 때는 하나가 다른 하나를 의식할 수 있지만, 모두가 하나가 되고 나면 모두가 그 안으로 함몰되어 전체 의식 자체가 된다는 것이다. 그렇게 되면 더 이상 '나'라는 의식, '너'라는 의식이 없어지니, 무엇과 무엇을 나누는 개별 의식이 없어진다는 것이다.

마이뜨레이는 '근원 존재를 알게 되면 더 이상 의식이 없어진다.'는 말의 의미를 그제야 이해할 수 있었다. 근원 존재를 알게 되면 그의 의식은 이제 개별 의식이 아닌 전체 의식이 되기 때문에 이미 바다가 된 강물처럼 따로 의식할 것이 없다는 것이다. 이것을 이해하면 세상을 보는 눈은 달라진다. 세상의 모든 것이 바로 이와 같은 근원 존재에서 비롯되었고 다시 근원 존재로 돌아가는 것이라면, 개별자의 상태에서도 그 본래의 참모습을 그 안에 품고 있을 것이기 때문이다.

야쟈왈끼야 성자는 이어서 벌과 꿀의 상호의존 관계에 비유하여, 세상 모든 것이 그 안에 들어 있는 본래의 참모습을 매개로 서로 의존하므로 서로 소중하다고 말한다. 사람뿐 아니라 모든 생명체, 그리고 자연은 모두 각각도 소중하고 서로에게도 소중하다. 그 이유는 이 모든 것의 참모습이 아뜨만이고 브라흐만이기 때문이다.

이 땅은 모든 생명체들의 꿀이요, 모든 생명체들은 이 땅에 꿀이로다. 이 땅에 빛과 불멸의 뿌루샤가 들어 있고, 이 빛과 불멸의 뿌루샤는 영적인 몸속에서 또한 그러하다. 이것이 바로 아뜨만이니, 그는 불멸이며 브라흐만이며 모든 것이다.

이 물은 모든 생명체들의 꿀이요, 모든 생명체는 이 물에게 꿀이로다. 물속에 빛과 불멸의 뿌루샤가 있고, 영혼의 정자(精子)로 존재하는 것도 빛과 불멸의 뿌루샤다. 이것이 바로 아뜨만이니 그는 불멸이며 브라흐만이며 모든 것이다.

(브리하다란야까 우파니샤드 제2장 5편 1절~2절)

이 태양은 모든 생명체들의 꿀이요, 모든 생명체는 이 태양에 꿀이로다. 태양 속에 빛과 불멸의 뿌루샤가 있고, 영적인 눈 속에 존재하는 것도 빛과 불멸의 뿌루샤다. 이것이 바로 아뜨만이니 그는 불멸이며 브라흐만이며 모든 것이다.

(브리하다란야까 우파니샤드 제2장 5편 5절)

이 아뜨만은 모든 생명체들의 꿀이요, 모든 생명체는 이 아뜨만에게 꿀이로다. 아뜨만 속에 빛과 불멸의 뿌루샤가 있고, 영적인 아뜨만으로 존재하는 것도 빛과 불멸의 뿌루샤다. 이것이 바로 아뜨만이니 그는 불멸이며 브라흐만이며 모든 것이다.

  그 아뜨만은 모든 생명체들의 통치자요, 모든 생명체들의 왕이
다. 마치 마차 바퀴의 바퀴살들이 가운데 중심에 의지하고 있듯,
이 아뜨만에 모든 생명체가 의지하고 있도. 모든 신, 모든 세상,
모든 숨들이 바로 이 아뜨만에 의지해 있도.

(브리하다란야까 우파니샤드 제2장 5편 14절~15절)

  야쟈왈끼야 성자는 벌과 꿀의 상호의존 관계를 통해 서로가 서로
에게 소중한 존재임을 설명했다. 꿀은 벌이 꽃에서 따다가 먹이로
저장하는 꽃의 진액이다. 따라서 벌에게 꿀이란 가장 소중한 것이
다. 또한 꿀은 벌이 없으면 꽃 속에 들어 있다가 아무런 구실도 못하
고 의미 없이 사라지고 만다. 벌이 모아 주어야 꿀로서 귀한 대접을
받는다. 마찬가지로 세상의 모든 존재와 자연이 서로에게 소중한 것
이다.
  뿌루샤는 '몸 안에 자리잡은 자'라는 뜻으로, 아뜨만을 구체적으로
가리키는 말이다. '빛'은 틀림없이 존재함을, '불멸'은 그 존재가 지
속적임을 말하는 것이다. 즉, 빛과 불멸의 뿌루샤라는 말은 틀림없
이 존재하고, 또 그 존재가 지속적으로 몸 안에 자리잡은 참모습을
의미한다.

마이프레이는 이미 원하던 지식을 얻어 환희에 차 있었지만, 야쟈왈끼야 성자는 한 가지를 더 이야기해 주었다. 그것은 참모습을 알고자 하는 노력은 단순히 책을 읽거나 누구에게 배우는 것이 아니라는 것이다. 참모습에 다가가기 위해서는 스스로 노력해야만 한다는 것이다.

그래서 야쟈왈끼야 성자는 한 마디 한 마디에 힘을 주어 말했다.

"아뜨만을 보고 듣고 숙고하고 또한 명상해야 하오. 마이프레이여, 아뜨만을 보고 듣고 생각하고 앎으로써 모든 것을 알게 된다오."

(브리하다란야까 우파니샤드 제2장 4편 5절)

우선 겉모습이 아닌 참모습을 보고자 해야 하고, 참모습에 대해 가르쳐 주는 인생의 스승이 하는 말씀에 귀기울여야 하고, 자신의 마음속에서 그것을 스스로 깊이 생각하여 명상하는 경지까지 가야 한다는 것이다. 그렇다면 왜 간단히 책을 읽거나 다른 사람에게서 듣는 것으로는 되지 않을까? 그것은 참모습이 앎의 대상을 넘어선 것이기 때문이다. 내 안에 있는 나의 참모습을 보는 데에 그 어떤 사람의 설명이 필요하겠는가. 조용히 스스로 자신을 들여다봐야 한다. 바로 거기서부터 자기 자신과 세상을 탐구하는 여행이 시작되는 것이다. 여기에는 어느 누구도 아닌 스스로의 의지가 중요하다. 내 삶의 주인은 바로 나니까 말이다.

자신과 자신을 둘러싼 참모습을 아는 것, 그러한 시각을 갖는 것이 인생의 참의미다. 아무리 오래 살아도, 아무리 호화롭게 살아도 자신을 제대로 이해하지 못하면 몸이 죽을 때 모든 게 끝이기 때문이다.

마이뜨레이는 참모습을 이해하게 되자 세상의 모든 것들이 소중하고 사랑스럽게 느껴졌다. 물속, 태양 속에 깃든 근원 존재로 말미암아 모든 생명체들이 살아가고, 생명체 하나하나가 바로 근원 존재가 머무는 자리라는 것을 알았기 때문이다. 그리고 이러한 지혜를 얻은 것을 그 어떤 재산을 가진 것보다도 소중하게 느꼈다. 또한 참모습을 알고자 하는 노력은 단순히 책을 읽거나 누구에게 배우는 것이 아니라, 참모습에 다가가기 위해 스스로 노력해야 한다는 것도 알게 되었다. 이제 마이뜨레이의 삶은 자신의 노력으로 자신의 참모습을 찾는 의미 있는 여정이 될 것이다.

야쟈왈끼야 성자 또한 유유히 일어나 그 어디에도 매이지 않고 근원 존재에 다가가기 위해 길을 나섰다.

3

씨앗 속에 무엇이 들어 있나

그곳은 해도 빛나지 않고, 달도 별도 빛나지 않는 곳, 번개도 빛나지 않는 곳이
니 불이야 어찌 빛을 낼 것인가. 이 모두는 그 존재가 빛을 낸 다음에야 빛을 낼
수 있음이니, 그 빛으로 말미암아 모든 것이 빛을 내고 있음을 알지어다.

3. 씨앗 속에 무엇이 들어 있나

슈웨따께뚜는 어린 나이에 집을 떠나 이름난 서당에 들어가 공부를 하고 돌아온다. 슈웨따께뚜의 아버지는 교육 과정을 성실히 마치고 자신감에 들떠서 돌아온 아들을 반겨 맞으면서도 일부러 어려운 문제를 낸다. 아들이 이제 단순한 지식이 아닌 깊은 생각을 통해서 스스로 깨달아야 할 때가 되었기 때문이다.

아버지 아루나 성자는 아들이 지혜로운 사람이 되어야 한다고 생각한다. 그것이 정말 중요한 공부라고 생각했기 때문이다. 아버지는 보리수나무의 씨앗에 비유하여 근원에 대한 설명을 해 줌으로써 아들이 스스로 생각하고 깨달을 수 있도록 이끌어 준다.

정말 중요한 공부는 무엇일까

옛날에 아루나 성자가 살았다. 아루나 성자는 학식이 높았지만, 언제나 자신을 낮추는 겸손한 사람이었다. 아루나 성자에게는 아들이 하나 있었다. 아이가 열두 살이 되자 아버지는 아들에게 말했다.

"슈웨따께뚜야, 스승을 찾아 그 문하에 들어가 공부를 하고 오너라. 우리 가문에서 태어난 어느 누구도 공부를 하지 않고 사제 노릇[1]을 하는 사람은 있을 수 없으니 말이다."

(찬도기야 우파니샤드 제6장 1편 1절)

슈웨따께뚜는 열두 살에 집을 떠나 서당에 들어갔고, 공부를 마친 뒤 스물네 살이 되어서야 집으로 돌아왔다. 사제라면 당연히 암기하고 있어야 할 베다의 구절[2]이며, 이런저런 가르침을 12년에 걸쳐 모두 다 배우고 어른의 몸이 되어 돌아온 아들의 얼굴에는 당당한 자신감이 넘쳤다. 아루나 성자는 아들에게 물었다.

"슈웨따께뚜야, 사랑하는 아들아.

지금 너는 자신감에 차고, 베다를 익힌 자로 당당해 보이는구나.

그래, 이런 가르침에 대해 스승께 여쭈어 보았느냐?

그것으로서 들리지 않는 것이 들리게 되고,

생각할 수 없는 것을 생각하게 되고,

알지 못하는 것을 알게 되는 바로 그것에 대해 말이다.

슈웨따께뚜야."

---

1) 사제 노릇이란 초청을 받아 다른 사람들의 제사를 지내 주거나 서당 같은 곳에서 학문을 전수하는 것 등을 말한다.

2) 본래 베다는 제사에 필요한 모든 내용이 망라된 결집서다. 여기에는 천둥 번개, 불, 태양, 물, 바람 등을 형상화한 자연신들에 대한 찬가, 각종 제례의식, 인간의 물리적(질병), 심리적 문제(갈등과 고민)를 해결하기 위한 주문 등이 시로 적혀 있다.

"존경하는 아버지, 무엇을 말씀하시는 것인지요?"

(찬도기야 우파니샤드 제6장 1편 2절~3절)

아들은 12년 동안이나 집을 떠나 공부를 하고 돌아왔다. 아버지는 당연히 아들의 공부가 어디까지 되었는지 궁금했을 것이다. 그러나 아들에게는 아버지의 질문이 너무 어려웠다. 슈웨따께뚜는 아버지가 도대체 무슨 질문을 하는 것인지조차 파악하기 힘들었다. 베다의 몇 장 몇 절을 외워 보라든가, 베다 중에서도 중요한 아그니 신 찬송을 암송해 보라든가, 뭐 그런 질문이 아니었기 때문이다.

그것으로 들리지 않는 것이 들리게 되고, 생각할 수 없는 것을 생각하게 되고, 알지 못하는 것을 알게 된다……. 슈웨따께뚜는 열심히 생각을 해 봤지만 아무래도 알 수가 없었다.

말로써 표현할 수 없으나
그로 말미암아 말이 표현될 수 있으니
그대여, 바로 그가 브라흐만인 것을 알라.
이 세상 사람들이 숭배하는 것
그것은 브라흐만이 아니다.

그를 마음속으로 생각할 수 없으나

그로 말미암아 마음속 생각이 이루어질 수 있으니
그대여, 바로 그가 브라흐만인 것을 알라.
이 세상 사람들이 숭배하는 물건들
그것들은 브라흐만이 아니다.

눈으로 볼 수 없으나
그로 말미암아 눈이 사물을 볼 수 있으니
그대여, 바로 그가 브라흐만인 것을 알라.
이 세상 사람들이 숭배하는 것
그것은 브라흐만이 아니다.

귀로 들을 수 없으나
그로 말미암아 귀가 소리를 들을 수 있으니
그대여, 바로 그가 브라흐만인 것을 알라.
이 세상 사람들이 숭배하는 것
그것은 브라흐만이 아니다.

숨이 그를 숨쉬게 할 수 없으나
그로 말미암아 숨쉬는 것이 가능하고 생명이 있게 되니
그대여, 바로 그가 브라흐만인 것을 알라.

이 세상 사람들이 숭배하는 것
그것은 브라흐만이 아니다.

(께나 우파니샤드 제1장 4절~8절)

그곳은 해도 빛나지 않고
달도 별도 빛나지 않는 곳
번개도 빛나지 않는 곳이니
불이야 어찌 빛을 낼 것인가.
이 모두는 그 존재가 빛을 낸 다음에야
빛을 낼 수 있음이니
그 빛으로 말미암아 모든 것이 빛을 내고 있음을 알지어다.

(슈웨따슈와따라 우파니샤드 제6장 14절)

모든 생명체 속에 든 하나의 신은
널리 퍼져 있는 자이며
모든 곳에 들어 있도다.
그는 업의 주인이며
모든 곳에 사는 자이다.
그는 모든 것을 보는 증인이며
의식 자체이나

스스로는 아무런 이름도 속성도 없는 자이다.

(슈웨따슈와따라 우파니샤드 제6장 11절)

슈웨따께뚜는 아버지의 말씀을 여전히 이해할 수가 없었다. 하지만 아주 이해하지 못하는 것은 아니었다. 조금씩 조금씩 눈앞을 가리던 어둠이 걷히는 것도 같았다. 내가 말을 하면 상대가 내 말소리를 듣고 그 의미를 알아듣는데, 도대체 내 성대를 울려 나온 소리가 어떻게 내 마음속의 생각을 다른 사람에게 전달할 수 있는 것일까? 내가 볼 수 있는 것은 당연하지만, 보고 알게 되는 그 당연한 것이 어떻게 가능한 것일까? 하긴 이런 생각은 한 번도 해 본 적이 없었다. 그저 당연하다고만 생각했고, 생각해 볼 필요도 없는 것으로 여겼는지도 모른다.

감각이란 외부의 자극을 받아들이는 눈, 코, 혀, 귀, 피부를 말한다. 눈은 빛(색깔), 코는 냄새, 혀는 맛, 귀는 소리, 피부는 촉감을 받아들인다. 이렇게 감각들은 그 대상물을 받아들임으로써, 그에 대한 기억이나 추리 등을 통해 대상물을 인지하게 해 준다. 이러한 과정이 아뜨만이 있기에 가능하다는 것이다.

우파니샤드에서는 세상의 참모습, 근원을 브라흐만이라고 한다. 이 말은 'brh(넓다, 널리 퍼져 있다)'라는 산스끄리뜨 어근에서 파생된 '넓게 퍼져 있는 자'라는 의미다. 브라흐만은 이름이 아니다. 그 어떤 이름으로도 부를 수 없기 때문에 이러한 명칭이 사용된 것이다.

브라흐만은 아무리 보려고 해도 보이지 않는다. 눈으로 볼 수 없는 것이기 때문이다. 망원경은 먼 곳을 바라볼 수 있도록 만든 도구다. 그것으로 내 앞에 떨어진 동전을 볼 수 없듯이, 눈은 처음부터 모양이 있는 것을 볼 수 있도록 만들어졌기 때문에 모양이 없는 것은 볼 수가 없다. 또 귀는 처음부터 소리가 있는 것을 들을 수 있도록 만들어졌기 때문에 소리가 없는 것을 듣지는 못한다.

브라흐만은 단순히 사람들이 '신'으로 숭배하는 자애로운 표정의 동상이나 그림이나 이미지가 아니라, 사람들이 볼 수 있는 그 어떤 표정도, 모습도, 이미지도 없는 그 이상의 어떤 존재다. 또한 이 브라흐만이 바로 각각의 개체에 아뜨만으로 존재하고, 각각의 개체가 윤회하는 모든 세상이 이 브라흐만 안에 있다.

외워서 하는 공부는 많이 했지만 이런 생각은 해 보지 않은 슈웨따께뚜는 당황한 표정으로 가만히 고개를 떨구고만 있었다. 아버지는 웃으며 천천히 말했다.

"아들아, 한 줌의 흙덩어리를 알면 그 흙으로 만든 모든 것을 알게 된단다. 흙의 변형으로 만들어진 모든 것들은 그것을 소리로 부르기 위하여 다른 이름을 붙인 것에 불과하다. 그 가운데 오직 흙만이 바로 참존재인 것이다.

아들아, 금 한 조각을 알면 그 금으로 만든 모든 것을 알게 된단다. 금의 변형으로 만들어진 모든 것들은 그것을 소리로 부르기 위하여 각기 다른 이름을 붙인 것에 불과하다. 그 가운데 오직 금만이 바로 참존재인 것이다.

아들아, 쇳조각 하나를 알면 그 쇠로 만든 모든 것을 알게 된단다. 쇠의 변형으로 만들어진 모든 것들은 그것을 소리로 부르기 위하여 각기 다른 이름을 붙인 것에 불과하다. 그 가운데 오직 쇠만이 바로 참존재인 것이다.

아들아, 그 가르침이란 바로 이런 것을 알게 해 주는 지혜다."

(찬도기야 우파니샤드 제6장 1편 4절~7절)

슈웨따께뚜는 아직 분명하진 않지만, 아버지의 말씀에 중요한 무언가가 있다는 느낌이 들어 가만히 생각해 보았다. 진흙으로 호랑이, 코끼리, 뱀, 그 어떤 모양을 만들든, 그 만들어진 것은 결국 진흙이고 나중에 부서지면 진흙덩어리로 돌아간다. 동물 모양, 그릇 모양, 집 모양, 사람 모양……. 그 어떤 모양이든 잠깐 동안 동물, 그릇, 집, 사람으로 불리다가 다시 진흙덩어리로 돌아간다. 마찬가지로 금이나 쇠로 만든 모든 것도 그렇다.

흙을 알면 흙으로 만들어진 모든 것의 속성을 알게 되고, 금을 알면 금으로 만들어진 모든 것의 속성을 알 수 있듯이, 들리지 않는 것, 생각할 수 없는 것, 또 알지 못하는 것도 더 깊이 생각해서 본질을 알게 되면 저절로 알 수 있는 길이 있다. 나에게 들리지 않는다고 해서, 내가 생각해 보지 않았다고 해서, 내가 알지 못한다고 해서 없는 것이 아닐 수도 있다. 누군가는 듣고 있고, 생각하고 있고, 알고 있을 수도 있다. 아! 그렇구나.

슈웨따께뚜는 지금까지 보이는 것, 들리는 것, 생각할 수 있는 것, 알 수 있는 것만 생각해 왔다. 보이지 않는 것을 어떻게 알 수 있겠는가? 하지만 아버지 말씀은 보이지 않거나 들리지 않아도, 우리가 알아야 할 중요한 무엇인가가 있다는 것이다. 슈웨따께뚜는 허탈해졌다. 그렇게 열심히 공부했는데 아버지의 질문 하나에 이렇게 말문이 막히다니. 슈웨따께뚜는 아버지에게 지금까지 자신이 열심히 공부했고, 스승들에게 들은 가르침은 절대 놓친 적이 없다고 말씀드리고 싶었다.

"아버지, 저의 존경하는 스승님들은 그런 가르침에 대해서는 알지 못하셨습니다. 그분들께서 알고 계셨다면 어찌 저에게 말씀해 주시지 않으셨겠습니까? 존경하는 아버지, 아버지께서 말씀해 주십시오."

(찬도기야 우파니샤드 제6장 1편 7절)

사람의 근원, 세상의 근원

아버지는 공부를 마쳤다고 자신만만해하다가 당황하는 사랑스런 아들에게 얼굴에 웃음을 띤 채 말했다.

"그렇게 하자꾸나."

"총명한 아들아, 처음에는 이 존재밖에 없었다. 바로 이 하나 외에 다른 것은 없었다. 그런데 어떤 사람들은 '처음에 비존재만이 있었으며 그 외에는 다른 것이 없었다, 그 비존재에서 존재가 생겼다.'고 한다.

그러나 총명한 아들아, 비존재에서 존재가 어떻게 생겨날 수 있겠느냐? 틀림없이 존재하는 이것만이 최초에 있었고, 그 외에는 다른 아무도 없었던 것이다.

그 존재가 '내가 여럿이 될까. 내가 태어나 볼까.' 하고 원했으니 불로 태어난 것이다. 그 불이 또 '내가 여럿이 될까. 내가 태어나 볼까.' 하고 원했으니 거기에서 물이 생겨났다. 그러므로 언제 어디서든 달구어지거나 땀을 흘리는 것은 불로 말미암은 것이며, 물은 바로 그 불에서 생겨나는 것이다.

그 물들이 '우리가 여럿이 될까. 우리가 크게 태어나 볼까.' 하고 원했으니, 그들에게서 양식이 생겨났다. 그러므로 언제 어디서든 비가 오면 양식이 많아진다. 먹는 양식은 그 물에서 나온 것이기 때문이다."

(찬도기야 우파니샤드 제6장 2편 1절~4절)

존재는 실제로 있는 것을 말한다. 이것의 반대되는 것이 비존재다. 즉, 비존재는 아무것도 없음을 말한다. 나는 지금 존재하고 있는데, 나의 뿌리가 아무것도 없을 리가 없다. 나의 아버지의 아버지는 할아버지, 할아버지의 아버지는 증조할아버지, 증조할아버지의 아버지는 고조할아버지……. 그렇게 계속 나의 뿌리를 캐면 맨 처음에는 누가 있었을까? 아무도 없었는데 어느 날 갑자기 누군가 나타났을까? 사람은 아니어도 누군가 혹은 무언가가 있었을까? 과학자들은 물만 있으면 생명이 존재할 수 있다고 하는데, 우리는 물에서 나왔을까? 물은 물질의 근원일까, 생명의 근원일까? 생명체라는 몸만 있으면 사람과 같은 무한한 상상력을 가진 존재가 나올 수 있을까?

아버지 아루나 성자는 맨 처음 생명이 나오기 전에, 그 근원이 된 어떤 것이 있었다고 했다. 그러니까 근원이 된 어떤 것이 존재했기 때문에, 다른 존재들이 처음에는 없다가 만들어진 것이 아니라 이미 존재한 것이 밖으로 모습을 드러냈다고 이해해야 한다는 것이다. 그것이 눈에 보이지 않아서 과학자들은 물에서 생명이 나왔다고 하는 것이지, 눈에 보이지 않는다고 해서 아무것도 없었다고 할 수 없다는 것이다. 색깔도, 모양도, 아무것도 없기 때문에 이름을 붙여 부르기가 어렵지만, 어쨌든 그것은 '존재'하는 것이다.

모든 생물들은 세 가지의 형태로 태어나니, 그것은 알에서 태어나거나, 모태에서 태어나거나, 식물의 씨에서 태어나거나, 이렇게 세 가지 형태다.

그 유일한 존재는 '내가 이들 존재가 될까.' 하고 원했으니, 그가 각각의 생물들 안으로 들어가 하나하나의 아뜨만이 되었다. 그리고 그는 '내가 각각의 이름과 형태로서 밖으로 드러나야겠다.' 하고 생각했다.

그리고 '내가 삼태(三胎)에서 태어나는 생물들 속에 세 겹으로 하나하나 존재해야겠다.' 하고는, 그 유일한 존재가 각각의 생명체 안으로 들어가 각각의 아뜨만이 되었으며, 각기 다른 이름과 형태로 밖으로 드러났다.

(찬도기야 우파니샤드 제6장 3편 1절~3절)

음식을 먹으면 그것은 세 갈래로 나누어진다. 가장 거친 부분은 배설물이 되고, 덜 거친 부분은 살이 되고, 가장 미세한 영양분은 마음이 된다.

(찬도기야 우파니샤드 제6장 5편 1절)

위에서 말한 삼태는 '세 가지 아기집'으로, 알에서 태어나거나, 모태에서 태어나거나, 식물의 씨에서 태어나는 것을 말한다. 또 세 겹은 진성(眞性, sattva), 동성(動性, rajas), 암성(暗性, tamas)의 세 가지 속성이다. 진성이란 가벼운 것, 조용한 것, 흰 것과 같은 특성이고, 동성은 활발한 것, 열광적인 것, 붉은 것과 같은 특성, 암성은 무거운 것, 정지하는 것, 검은 것과 같은 특성을 가지고 있다.

고대 인도의 대표적인 창조 이론인 상키야 철학에서는 창조된 만물에는 자연이 본래 가지고 있는 이 세 속성이 들어 있는데, 그 균형이 깨지면 그 가운데 어느 하나가 두드러지게 나타나 어떤 것은 고체, 어떤 것은 액체, 어떤 것은 기체, 또는 흰색, 붉은색, 검은색, 혹은 안정, 활동, 정지 등의 다양한 형태로 나타나 보이는 것이라고 한다.

우파니샤드에서는 사람이 몸과 정신으로 이루어져 있다고 한다. 몸의 근원만 찾아서는 맨 처음에 무엇이, 또는 누가 있었는가를 말할 수 없다는 것이다. 아루나 성자는 맨 처음 있었던 무엇, 보이지는 않지만 그 무엇이 존재하고 있었다는 증거에 대해 설명하기 시작했다.

"저 보리수나무에서 열매 하나를 따 와 보아라."

"여기 따 왔습니다."

"그것을 쪼개라."

"예, 쪼개겠습니다."

"그 안에 무엇이 보이느냐?"

"씨들이 있습니다."

"그 가운데 하나를 쪼개 보아라."

"쪼개겠습니다."

"그 안에 무엇이 보이느냐?"

"아무것도 보이지 않습니다."

그는 아들에게 계속해서 말했다.

"총명한 아들아, 네가 볼 수 없는 이 미세한 것, 그 미세함으로 이루어진 이 큰 나무가 서 있는 것을 보아라. 보이지 않는 것이지만 그것이 있음을 믿어라. 그 아주 미세한 존재, 그것을 세상 모든 것들은 아뜨만으로 삼고 있다. 그 존재가 곧 진리다. 그 존재가 곧 아뜨만이다. 그것은 바로 너다. 슈웨따께뚜야."

슈웨따께뚜가 말했다.

"아버지, 제게 좀 더 설명해 주십시오."

"그렇게 하자."

(찬도기야 우파니샤드 제6장 12편 1절~3절)

화분에 씨를 뿌려 작은 씨앗 하나가 싹을 틔우고, 잎이 자라고, 키가 자라는 것을 보면 정말 신기하기 이를 데 없다. 가지마다 잎들이 제대로 자라면서 꽃봉오리가 생기고 어느 날 꽃이 피어나면, 처음부터 지켜보며 물을 준 우리들은 그 생명력에 감탄하게 된다. 그런 흐뭇한 마음은 직접 키워 본 사람이 아니면 느끼기 어려울 것이다.

그것이 더 커서 나무가 되었을 때를 생각해 보라. 정말 대단한 생명력이다. 계절마다 때가 되면 꽃을 피우고, 꽃이 지면 열매를 맺는 큰 나무. 그 열매에 들어 있는 씨앗은 바로 그 큰 나무의 원래 모습이다. 이런 생명의 신비가 바로 세상에 나무가 끝없이 존재하는 방식이다.

그럼 우리 사람의 존재 방식은 어떨까. 우리 부모님은 나를 낳으셨고, 어머니의 부모님이 어머니를, 아버지의 부모님이 아버지를 낳으셨다. 나무가 열매 속에 씨앗을 품듯, 사람도 자식을 낳고 또 그 자식이 자식을 낳는다.

자, 그렇다면 나무나 사람의 맨 처음 씨앗은 무엇이었을까? 아루나 성자는 그것은 씨앗 속에 들어 있는 씨앗의 핵심과도 같이, 눈에 보이지 않지만 씨앗의 모든 가능성을 다 품은 어떤 존재라고 말한다.

눈으로는 보이지 않지만 현미경으로 보면 보이는 작은 것들이 있다. 현미경으로 안 보이면 정말 아무것도 없는 걸까. 더 작은 것을 보는 방법이 계속 개발되면 끝없이 볼 수도 있을 것이다. 하지만 결국은 현미경과 더 미세한 현미경, 그보다 더 미세한 현미경도 놓치고 마는, 분자와 원자보다도 더 작은 무언가가 있다는 것이다.

아루나 성자는 그 근원 존재에 세상 모든 생명이 뿌리를 두고 있기 때문에 그 근원 존재가 모든 생명의 참존재, 즉 아뜨만이라고 아들에게 말해 준다. 이것은 시간이 지나도, 장소가 바뀌어도 변하지 않는 사실이기 때문에 진리라고 말할 수 있는 것이다. 또 그 참존재가 나의 참존재이기도 하기 때문에, 바꾸어 말하면 내가 곧 그 근원 존재라고도 할 수 있다는 것이다. 우리는 누구나 근원 존재에 뿌리를 두고 있다는 것을 기억함으로써, 나만 소중한 것이 아니라 모든 '나'들이 다 소중하다는 것을 기억해야 한다. 참모습에서는 얼굴이나 몸이 어떻게 생겼든, 그것은 전혀 문제가 되지 않는다.

"아뜨만의 지혜를 가진 자는 죽은 뒤 다시 이세상에 오지 않는다. 그러나 그렇지 않은 자는 다시 반복해서 오게 된다. 그 아주 미세한 존재, 그것을 세상 모든 것들은 아뜨만으로 삼고 있다. 그 존재가 곧 진리다. 그 존재가 곧 아뜨만이다. 그것은 바로 너다. 슈웨따께뚜야."

(찬도기야 우파니샤드 제6장 16편 3절)

참모습은 모습이 없고 크기도 없고 색깔도 없지만, 그 어떤 모습도 될 수 있고 그 어떤 크기로도 될 수 있으며, 그 어떤 색깔도 될 수 있다. 이러한 '자신의 참모습(아뜨만)'을 알고, 그 다음에 자기 자신을 자기 몸뿐 아니라 세상 전체로 느낄 수 있게 되면, 모든 생명의 근원지인 '세상 전체의 참모습(브라흐만)'을 알 수 있다. 이것을 깨달으면 사람은 죽어도 더 이상 윤회를 겪지 않고, 태어나지도 자라지도 늙지도 죽지도 않는 '해탈'이라는 완전히 평화로운 상태가 된다. 그것이 모두의 본래 모습이다. 참모습을 담고 있는 생명은 무엇이든 할 수 있는 무한한 가능성을 가지고 있는 것이다.

그런데 세상에는 모든 사람 속에 똑같이 들어 있는 그 사람의 참모습을 진정으로 아는 사람은 아주 드물다. 그래서 아버지는 반복해서 말한다. "그것은 바로 너다." 생명이 얼마나 귀한 존재인지 자신뿐 아니라 다른 사람 모두가 얼마나 귀한 존재인지, 제대로 아는 사람은 거의 없다. 겉모습이 아무리 달라도 생명은 모두 똑같이 귀하디귀한 존재다.

이제 슈웨따께뚜는 아버지의 말씀을 이해할 수 있었다. 12년 동안이나 집을 떠나 공부한 아들에게 아버지는 눈에 보이는 것보다 그 속에 담겨 있는 원리나 근본을 아는 것이 중요하다는 것을 깨닫게 해 주었다.

누구나 눈에 보이는 것, 귀에 들리는 것에만 관심이 있을 뿐, 그것들의 근본이 되는 것에는 아무도 관심을 갖지 않는다. 그렇지만 이렇게 화려하고 요란한 것에만 관심을 두고 깊이 생각해 보지 않은 사람은 그 근본이 무엇인지를 알 수 없다. 자기 자신을 돌아보고, 세상이 어디에서 시작되었을까 깊이 생각하는 사람만이 겨우 눈치를 챌 수 있다. 깊이 생각하는 기회를 갖기만 해도 우리가 진정 알아야 할 것을 쉽게 놓치지는 않을 것이다.

4부

감각의 한계

변하는 것들로 된 세상 모든 것은 신(브라흐만)으로 덮여 있다. 그러나 인간이
여, 내버림의 지혜를 가져 어느 누구의 재물도 탐내지 말지어다. 인간이여, 이
세상에서 자신의 의무를 다하며 백 년 살아갈 소망을 가질지어다. 그대에게 이
길 말고 업보에 얽매이지 않을 다른 길이 없으리니.

4. 감각의 한계

이번 이야기에서는 목소리, 눈, 귀, 마음이 사람의 몸에서 자신들의 역할이 가장 대단하다고 주장한다. 그러자 조물주가 누구든 자리를 비웠을 때 사람 몸을 가장 곤란하게 만드는 감각이 가장 중요한 것이라고 말한다. 그래서 감각들은 한 번씩 자리를 비우기로 했는데, 조용히 있던 숨이 자리를 비우자 감각들은 아무것도 할 수 없었다. 숨은 그저 조용히 할 일을 하고 있을 뿐이어서 아무도 알아주지 않았지만, 숨이 모든 감각을 받쳐 주고 있었던 것이다.

그런데 아루나 성자는 감각에 비유해서 그 이상을 설명한다. 아루나 성자는 아들에게 소금을 물에 풀고 맛을 보라고 한다. 소금물은 겉으로는 물과 마찬가지인데, 그 맛은 짰다. 아버지는 이 짠맛을 통해 소금이 그 안에 녹아 있음을 알 수 있듯, 감각으로는 알 수 없지만 세상의 근원이 있다고 알려 준다.

눈과 귀가 하는 일

눈이나 귀 등 우리의 감각은 일상 생활에 대단히 중요하다. 감각은 중요한 구실을 하지만, 만일 감각이 가는 길만 좇는다면 중요한 문제들을 놓칠 수가 있다.

보이는 것이 전부는 아니다. 또 우리가 그것을 모르는 것도 아니다. 그 사실을 자꾸 잊을 뿐이다. 우리 앞에는 눈에 보이는 것이 너무 많고, 귀에 들리는 것도 너무 많고, 냄새 맡을 것도 너무 많고, 만져 볼 것도 너무 많고, 또 맛볼 것도 너무 많기 때문이다.

이렇게 할 일이 우리 앞에 널려 있는데, 보이지도 않고, 들리지도 않고, 냄새도 없고, 만져지지도 않고, 맛도 알 수 없는 그런 것을 우리가 어떻게 생각하고 있을 수 있겠는가? 흔히 눈에서 멀어지면 마음에서도 멀어진다고 한다. 코앞에 자기가 좋아하는 맛있는 음식을 두고, 또는 눈앞에 좋아하는 대상을 두고 다른 생각을 하기는 쉽지 않다.

하지만 세상은 내 몸이 없어도 상관 없이 돌아간다. 우리의 감각이란 우리 몸이 있는 동안, 즉 우리가 숨을 쉬는 동안에만 활동하는 일시적인 도구 같은 것에 불과하다. 숨, 즉 생명이 떠나면 모든 감각들도 그냥 흔적 없이 사라지고 말 것이다.

우파니샤드에도 감각들의 이야기가 나온다.

한번은 감각들이 서로 "내가 가장 훌륭하다. 내가 가장 오래된 자다." 하며 다투기 시작했다.

그래서 감각들은 문제를 해결하기 위해 아버지 조물주에게 갔다.

"존경하는 아버지, 저희들 가운데 누가 가장 훌륭합니까?"

조물주는 그들에게 말했다.

"너희들 가운데 누군가 떠났을 때, 그로 말미암아 몸이 가장 곤

란해지는 자가 가장 훌륭한 자다."

목소리가 몸을 빠져나가 일 년 동안 밖에서 다니다가 돌아와 물었다.

"내가 없는 동안 어떻게 지냈소?"

다른 감각들이 말했다.

"벙어리가 말을 못하듯, 말을 하지 않고 지냈소. 그러나 숨으로 숨을 쉬고, 눈으로 보고, 귀로 듣고, 마음으로 생각하며 지냈소."

그래서 목소리는 다시 들어왔다.

눈이 몸을 빠져나가 일 년 동안 밖에서 다니다가 돌아와 물었다.

"내가 없는 동안 어떻게 지냈소?"

다른 감각들이 말했다.

"장님이 보지 못하듯, 보지 않고 지냈소. 그러나 숨으로 숨을 쉬고, 목소리로 말을 하고, 귀로 듣고, 마음으로 생각하며 지냈소."

그래서 눈은 다시 들어왔다.

귀가 몸을 빠져나가 일 년 동안 밖에서 다니다가 돌아와 물었다.

"내가 없는 동안 어떻게 지냈소?"

다른 감각들이 말했다.

"귀머거리가 듣지 못하듯, 듣지 않고 지냈소. 그러나 숨으로 숨을 쉬고, 목소리로 말을 하고, 눈으로 보고, 마음으로 생각하며 지냈소."

그래서 귀는 다시 들어왔다.

마음이 몸을 빠져나가 일 년 동안 밖에서 다니다가 돌아와 물었다.

"내가 없는 동안 어떻게 지냈소?"

다른 감각들이 말했다.

"어린아이들이 생각을 할 줄 모르듯, 생각을 하지 않고 지냈소. 그러나 숨으로 숨을 쉬고, 목소리로 말을 하고, 눈으로 보고, 귀로 들으며 지냈소."

그래서 마음도 다시 들어왔다.

이제 숨이 몸을 빠져 나가려고 했다. 훌륭한 말이 발에 묶인 줄을 맨 못을 땅에서 뽑아 버리듯, 숨이 다른 감각들을 몸에서 뽑아 버렸다. 그러자 모든 감각들이 숨에게로 와서 말했다.

"숨이여, 그대는 우리의 주인입니다. 우리들 가운데 그대가 가장 훌륭합니다. 떠나지 말아 주십시오!"

그래서 목소리가 숨에게 말했다.

"나는 가장 훌륭히 덮는 자'이니, 바로 그대가 그것을 가능하게 하였소."

눈이 말했다.

"나는 '가장 훌륭히 자리잡는 자'이니, 바로 그대가 그것을 가능
하게 하였소."

또 귀가 숨에게 말했다.

"나는 '가장 훌륭하고 귀한 것을 가진 자'이니, 바로 그대가 그것
을 가능하게 하였소."

마음도 말했다.

"나는 '가장 훌륭한 거처'이니, 바로 그대가 그것을 가능하게 하
였소."

(찬도기야 우파니샤드 제5장 1편 6절~14절)

아무리 자신만만한 감각들도 숨이 살아 있지 않으면 혼자서 할 수
있는 일이 하나도 없다. 그러니까 보이고 안 보이는 문제로 더 이상
고민할 필요가 없다. 보이지 않아도 중요한 문제가 세상에는 얼마든
지 있다.

눈의 눈, 귀의 귀

우파니샤드에서는 모든 현상에는 그 원인이 있듯이 우리의 존재

에도 분명히 근원이 되는 것이 있다고 한다. 근원을 아는 것처럼 중요한 일은 없다. 그것을 알기 위해서 사람은 태어나고 자라고 늙고 죽는 일을 반복한다는 것이 우파니샤드의 가르침이다. 그런 근원이 어디 있느냐고 물으면, 우파니샤드는 손가락으로 가리킬 수는 없지만 틀림없이 있다면서 쉬운 방법 다 놔두고 빙 돌려서, 혹은 거꾸로 놓고 설명한다. 어디 있는지, 어떻게 생겼는지, 무엇으로 만들어진 어떤 것인지 말해 주면 쉬울 텐데 말이다. 비유나 상징은 그림처럼 한눈에 들어오긴 하지만, 받아들이는 사람마다 다를 수도 있어서 똑 떨어지는 정답은 없다.

하지만 그렇게 빙 돌려서, 거꾸로 비유나 상징 등을 통해 근원 존재를 설명하는 것은 일부러 그러는 것이 아니라, 그것 말고는 다른 방법이 없기 때문이다. 근원이라는 것은 우리가 쉽게 알아볼 수 있는 형상, 냄새, 소리, 촉감, 맛 같은 그 어떤 감각으로도 감지가 안 된다. 우리가 어떤 대상을 알아보고 느끼는 것 자체가 바로 근원 존재로부터 받은 능력이라면, 우리 능력으로 알 수 없는 것이 있는 게 당연하다.

그가 모두를 알게 하니 그를 무엇으로 알 수 있단 말이오? 우리로 하여금 '알게 하는 자'를 알 수 있겠소?

(브리하다란야까 제2장 4편 14절)

그렇다. 우파니샤드는 그 근원 존재가 바로 우리로 하여금 '알게 하는 자'라고 말한다. 그러니 우리의 감각으로 파악되지 않는 게 당연하다. 우리의 눈, 귀, 그리고 비밀스런 마음, 내쉬고 들이쉬는 숨조차도 근원 존재 없이는 작용할 수가 없다. 사람의 눈이나 귀와 똑같이 빚어 놓았다고 해서, 그 눈이나 귀가 볼 수 있거나 들을 수 있는 것은 아니다.

눈과 귀 뒤에 어느 누구의 힘이 숨어 있는가?

귀의 귀
마음의 마음
말의 말
바로 그가 숨의 숨이요
눈의 눈이라.

(께나 우파니샤드 제1장 1절~2절)

눈, 귀, 코, 혀, 피부 등 우리로 하여금 보고, 듣고, 냄새 맡고, 맛보고, 느끼게 하는 감각에 대해서 생각해 보자. 과연 두 눈으로 보거나, 양쪽 귀로 듣거나, 코로 냄새를 맡거나, 혀로 맛을 보거나, 피부로 촉감을 느끼는 것, 그것이 다일까? 그 이상의 세상은 없을까?

물론 볼 수 있다는 것은 좋은 것이다. 만약 눈이 보이지 않는다면 얼마나 불편할까? 주위에 앞을 볼 수 없는 친구나 어른이 계시다면 조금이나마 그 불편함을 알 것이다. 또 귀가 들리지 않는다면, 코로 냄새를 맡을 수 없다면, 혀에 이상이 있어 맛을 느낄 수 없거나, 혹은 먹을 수 없다면, 옆에서 누가 꼬집어도 피부가 아무것도 느끼지 못한다면 우리의 생활은 정말이지 불편할 것이다. 두말 할 것도 없이 이런 감각들은 우리가 생활하는 데 아주 중요하다.

그런데 우파니샤드에서는 감각이 없으면 단지 생활하는 데 불편할 뿐이지 살아가는 데, 혹은 생각하는 데는 지장이 없다고 한다. 그러니까 사람이 살아가는 데 감각이 제일 중요한 것은 아니라는 것이다. 더구나 감각을 즐겁게 하는 화려함, 온갖 소리, 갖가지 냄새, 다양한 맛, 자극적인 촉감에 지나치게 빠지면, 그 사람의 삶은 오히려 나쁜 영향을 받는다고 한다. 문명의 이기라고 하는 자동차가 편리함과 사고로 인한 파멸이라는 양면성을 가진 것처럼, 감각 또한 잘못 사용하면 파멸을 가져올 수 있다는 것이다.

그러니 사람에겐 눈, 귀, 코, 혀, 피부 등 감각 기관을 어떻게 하면 더 잘 사용할까 하는 문제가 중요한 것이 아니다. 오히려 어떻게 하면 이런 감각을 자제할 수 있느냐가 중요하다. 눈의 기능에 이상이 없고, 귀의 기능에 이상이 없다면 내가 노력하지 않아도 눈은 더 화려한 것을 좇고, 귀는 자극적인 소리를 좇기 마련이다. 문제는 항상 지나치게 기울 때 생기는 법이니, 감각을 만족시키는 자극에 너무 끌려다니지 않도록 스스로 중심을 잡아야 한다.

눈이 보이지 않거나 귀가 들리지 않는 장애가 있더라도, 그것은 불편함일 뿐이다. 오히려 안으로 안으로 시선을 돌리는 데 더 좋은 조건이 될 수도 있다. 너무 많이 보는 것이 장애가 될 수도 있다.

사람이 모든 것을 파악할 수 있다고 생각하는 것은 자만이다. 우리 은하계에는 지구와 같은 별이 수억만 개, 혹은 셀 수 없이 많다. 바닷가 모래밭의 모래알만 한 지구에 사는 우리가 모든 것을 안다고 자만한다면, 적어도 우리보다 큰 세상에 사는 누군가가 볼 때 굉장히 우스운 일일지도 모른다. 마치 개미가 자기가 기어다니는 그 넓은 땅을 전부 파악할 수 없듯, 바닷속 물고기가 자기가 헤엄쳐 다니는 물속 세상 전체를 파악할 수 없듯, 우리 사람도 자기가 거기에서 나왔음에도 그 근원 존재를 파악하지 못하는 것인지도 모른다.

물에 녹은 소금 맛

맛을 볼 때 우리는 혀라는 감각을 사용한다. 물론 다른 감각과 마찬가지로 혀로도 아무런 '맛'이 없는 아뜨만을 알 수는 없다. 그런데 아루나 성자는 혀로 소금 맛을 볼 수 있는 것에 비유해서 보이지도 들리지도 않는 아뜨만을 설명한 적이 있다.

아루나 성자는 아들 슈웨따께뚜에게 손오공이 삼장법사 손바닥을 벗어날 수 없는 것처럼, 누구나 우리의 근원이 되는 존재 안에 살고 있다고 말해 준다. 아루나 성자는 이것을 그 유명한 소금물의 비유를 통해 설명한다. 우리가 근원 존재를 알아채지 못하는 것은 마치 소금을 물에 풀어 완전히 녹였을 때, 더 이상 눈으로 소금을 볼 수 없는 것과 마찬가지라고. 소금물에서 우리는 소금을 눈으로는 볼 수 없지만, 소금물의 맛을 통해 물에 녹아 있는 소금의 존재를 파악할 수 있다.

3장에서 나왔듯이 아루나 성자의 아들 슈웨따께뚜는 집을 떠나 12년을 공부하고 돌아왔지만, 아버지의 시험에 답하지 못했다. 아버지는 아들이 정작 알아야 할 것은 배우지 못했다는 것을 알았다. 아버지는 소금을 한 손에 쥐고 아들에게 주며 말했다.

"이 소금을 물에 담그고, 내일 아침에 와 보아라."
아들은 그대로 했다.
아침이 되자 아버지는 아들 슈웨따께뚜에게 말했다.
"네가 어젯밤에 담가 두었던 소금을 꺼내거라."
아들은 아무리 찾아보아도 소금을 찾을 수 없었다.
"총명한 아들아, 소금을 볼 수 없을 것이다.
그러나 소금은 그대로 그 안에 있다.

이제 맨 위 표면에 있는 물의 맛을 보거라.

맛이 어떠냐?"

"짭니다."

"그럼 물속 중간쯤에 있는 물의 맛을 보아라."

"짭니다."

"자, 그럼 이제 맨 밑바닥에 있는 물의 맛을 보아라."

"짭니다."

"그래, 그 물을 버리고 다시 내게 오너라."

아버지 말씀에 따라 물을 버리면서 슈웨따께뚜는 생각했다.

'소금은 눈에 보이지 않았지만 계속 그 안에 있었구나.'

"네가 그 존재를 볼 수는 없지만 그 존재는 여기 있는 것이다."

(찬도기야 우파니샤드 제6장 13편 1절~2절)

아루나 성자는 소금물 비유를 통해 아들 슈웨따께뚜에게, 일상에서 보이는 것과 보이지 않는 것은 눈으로 볼 수 있는 것인가, 볼 수 없는 것인가 하는 것일 뿐, 그것만 가지고 존재가 있는지 없는지를 판단할 수는 없다고 설명한다.

물에 섞인 소금이 다 녹은 다음에는 물과 소금을 구분할 수가 없다. 완전히 녹았기 때문이다. 그렇게 되면 소금물의 위, 중간, 아래, 모든 곳에서 짠맛이 똑같이 난다. 따라서 소금이 고르게 퍼져 있다는 것을 알 수 있다. 소금은 눈에 보이지는 않지만, 그 존재는 소금 맛으로 알 수 있다.

소금물의 핵심은 바로 그 소금이다. 그럼 사람의 핵심은 무엇일까? 바로 모습도, 소리도, 흔적도 없는 아뜨만이다. 소금처럼 맛이 있다면 혀로 알 수 있겠지만, 아뜨만에 대해 우리의 감각이 느낄 수 있는 것은 아무것도 없다. 아뜨만은 감각의 대상이 아니기 때문이다. 오직 마음을 비우고 아무런 잡념도 없는 순수한 상태가 될 수 있다면, 자신 안에 든 자기의 참모습인 아뜨만을 볼 수 있다. 이렇게 아뜨만을 깨닫는 일은 정말이지 경이로운 일이 아닐 수 없다. 무한한 가능성을 가진 근원 존재가 소금물 속의 소금 알갱이처럼 해변의 모래 알갱이 같은 무수한 생명체 하나하나에 똑같이, 아무런 차이 없이 속속 깃들어 있다니.

브라흐만과 환영

누구의 아뜨만이 크다거나 누구의 아뜨만이 더 잘났다거나 하는 일은 없다. 아뜨만은 물속 어디서나 똑같은 맛을 내는 소금처럼, 모든 생명체 안에 똑같이 자리잡고 있기 때문이다. 아뜨만은 비교의 기준이 될 수 있는 모습, 소리, 크기, 무게 같은 그 어떤 속성도 없다. 그래서 아뜨만은 자유롭고 모든 가능성을 가진 존재다.

그 아뜨만은 모습이 없으므로

눈으로 볼 수 없고

소리로도

그 밖의 어떤 감각으로도

고행이나 베다의 아그니호뜨라 등의 제례로도 잡을 수 없다.

그러나 순수한 지혜로 순수한 내면을 갖게 되면

정신을 집중하여

그 안에 어떠한 나뉨도 없는 아뜨만의 존재를 볼 수 있다.

(문다까 우파니샤드 제3장 1편 8절)

　고행(苦行, tapa)은 자신의 몸을 불로 달구듯 힘들게 '달구는 것'이다. 발가락 한 개로 몸을 지탱하고 서 있기, 기이한 자세로 물구나무 서기, 얼굴만 내놓고 땅 속에 몸을 파묻고 있기, 아무것도 먹지 않고 버티기 등 고행의 방법은 끝이 없다. 수행을 할 때 이처럼 몸을 일부러 괴롭히는 것은, 정신 집중에 방해가 되는 몸뚱이라는 짐을 잊기 위해서다. 자기 자신의 안으로 안으로 시선을 돌리려 해도 눈으로 본 멋진 이성의 모습, 냄새 맡았던 맛있는 음식, 귀로 들었던 신나는 음악이 자꾸 생각나서 마음을 어지럽게 한다. 또 배고픔, 몸을 편하게 두고 싶은 유혹도 정신 집중을 방해한다. 이 모든 것이 몸에서 비롯된다.

'아그니호뜨라'는 불의 신 아그니에게 공물을 바치며 '아그니를 부르는' 의례다. 이 의례에는 우유와 우유로 만든 버터, 요거트 등이 공물로 사용된다. 평상시를 비롯하여 특정한 제사에서도 아그니호뜨라 의례는 감초처럼 등장한다. 그런데 아무리 힘든 고행이나 의례도 아무런 속성이 없는 아뜨만을 알 수 있는 방법은 되지 못한다. 그것은 오직 순수한 지혜로 순수한 내면을 들여다보는 정신 집중으로만 볼 수 있다.

또한 아뜨만, 브라흐만은 모든 생명체의 근원이다.

이것은 진리로다.

잘 타오르는 아그니에서 수천 개의 불꽃이 생겨나듯

그 불멸의 브라흐만에서

여러 가지 종류의 생명체들이 생겨나며

다시 그 브라흐만 속으로 잠긴다.

그 불멸의 브라흐만에서 숨이 생겨났으며

또한 마음과 모든 감각 기관, 하늘, 공기, 물, 불,

그리고 모든 세상을 지탱하는 땅이 생겨났도다.

(문다까 우파니샤드 제2장 1편 1절, 3절)

강들이 흘러 흘러 바다에 도달하면

강이라는 이름은 버리고 바다와 하나가 되듯

진리를 알게 된 사람은

이름과 형태의 구속에서 풀려난다.

(문다까 우파니샤드 제3장 2편 8절)

거미가 스스로 거미줄을 만들고

나중에 그것을 다시 삼키듯

땅에서 약초가 생겨나듯

인간의 몸에서 머리와 털이 나듯

그 불멸의 존재에서 모든 세상이 태어나는 것이다.

(문다까 우파니샤드 제1장 1편 7절)

타오르는 불 속의 불꽃이 불 속에서 나와 불 속으로 들어가듯, 모든 존재들은 브라흐만에서 나와 브라흐만으로 들어간다. 강물이 흘러서 바다로 가듯, 모든 존재들이 궁극적으로 되돌아가는 그곳은 브라흐만이다. 이러한 비유는 볼 수 없고 파악할 수 없는 브라흐만을 파악하기 위한 하나의 예다.

브라흐만이 근원이라는 것은, 자연에서 흔히 볼 수 있는 되돌아가는 법칙을 바탕으로 한다. 타는 불 속에서 튀는 불꽃들이 다시 그 불

속으로 들어가는 것처럼, 모두가 처음 나왔던 그곳으로 돌아간다는 게 자연과 우주의 법칙이다. 그런데 불꽃은 잠시 나왔다가 들어간다. 모든 존재 또한 잠시 나왔다가 다시 들어간다. 우파니샤드는 이렇게 잠시만 있는 것을 환영, 즉 마야라고 말한다. 우리도 가끔 끈을 뱀으로 착각하거나, 이 친구를 저 친구로 착각하는 일이 있다. 아주 잠깐이지만 말이다. 브라흐만에게도 세상은 마치 그 착각 속의 순간처럼 짧다고 한다. 그리고 다시 세상은 브라흐만 속으로 들어가고, 그리고 다시 나오고, 다시 들어가는 것이다.

> 신(브라흐만)이 그 환영력을 통하여
> 육신의 모습을 만드노라.
>
> (브리하다란야까 우파니샤드 제2장 5편 19절)

환영(마야)은 신기루, 환상과 같이 사실이 아닌 것을 사실로 보는 것이다. 이렇게 사실이 아닌 것을 사실로 보는 것은 감각이 완전하지 못하기 때문이다. 끈을 뱀으로 착각하는 것은, 눈이라는 감각이 끈이라는 대상을 보는 과정에 문제가 생긴 탓이다. 사람들은 흔히 눈이 잘못 본 것인데도 인정하지 않고 끝까지 자신이 본 것을 사실이라고 주장한다. 눈이 가장 정확하다고 믿기 때문이다. 일상에서도 흔히 실수를 하는 감각을 어떻게 가장 정확하다고 믿을 수 있을까?

우리는 눈에 보이는 것, 즉 사람 안의 참모습이 아닌 몸뚱이를 본다. 하지만 눈에 보이는 모든 것 또한 브라흐만이 환영력을 통해서 만든 환영이라는 것이다.

그런데 브라흐만이 이름도 아닐 뿐더러 그 어떤 속성도 가지지 않은 존재이기 때문에, '브라흐만이 환영력을 통해 육신의 모습을 만든다.'는 것은 가능하지 않다. 이것은 사실로 제시된 것이 아니라, 이해를 위해 제시된 하나의 예다. 우파니샤드는 세상이 환영이니 버리라고 하지 않는다. 오히려 열심히 세상을 살라고 한다. 다만 세상이 환영과 같이 변화무쌍하다는 것을 알고 집착하지는 말라는 것이다.

변하는 것들로 된 세상
모든 것은 신(브라흐만)으로 덮여 있다.
그러니 인간이여
내버림의 지혜를 가져
어느 누구의 재물도 탐내지 말지어다.

인간이여
이 세상에서
자신의 의무를 다하며
백 년 살아갈 소망을 가질지어다.

그대에게 이 길 말고

업보에 얽매이지 않을 다른 길이 없으리니.

(이샤 우파니샤드 제1절~2절)

　우리가 살고 있는 이 세상이 환영과 같다고 해서 사실이 아니라거나 거짓이라고 생각하면 안 된다. 그것은 손가락으로 달을 가리킬 때, 달이 아닌 손가락만 보고 있는 격이기 때문이다. 언젠가는 왔던 곳으로 돌아가야 하기 때문에, 그 사는 시간이 영원에 비하면 잠깐이기 때문에 환영과 같다고 표현한 것일 뿐이다. 우리 한 사람 한 사람은 바로 이 환영과 같은 세상에서 자기 안에 있는 자기의 참모습, 근원과 통하는 자기의 참모습을 발견하게 되는 것이다. 세상이 잠깐 존재하든 좀 더 긴 시간 동안 존재하든, 우리에게는 자신의 귀한 참모습을 발견할 수 있는 무대라는 것이 중요하다.

5

신들의 자만

나의 중심에 있는 이 아뜨만은 쌀알보다도, 보리알보다도, 작은 겨자씨보다도, 조보다도, 껍질을 깐 좁쌀 한 알보다도 더 작도다. 또 나의 중심에 있는 이 아뜨만은 땅보다, 대공보다, 천상보다, 또는 이 모든 것을 합한 것보다 더 크도다.

5. 신들의 자만

 땅 속에 사는 악마(아수라)들은 항상 하늘에 사는 신들의 자리를 넘본다. 신들은 힘으로는 당해 낼 수 없는 악마들에게 자리를 빼앗길 뻔한 적이 한두 번이 아니었다. 한번은 악마들이 신들의 영역을 다시 침범하자, 우주의 질서를 지키기 위해 어떤 신비한 힘이 악마들을 물리쳤다. 그런데 신들은 자신들이 뛰어나서 악마들을 물리쳤다고 착각하고 자만한다. 자만은 자만하는 자를 무너뜨리는 법. 그 신비한 힘은 신들에게 신들조차도 근원이 되는 신이 있음을 깨닫게 해 준다.

신들의 신

 하늘에는 신들이 살고 땅에는 인간이, 땅 아래 지하에는 '아수라'로 불리는 악마들이 살았다. 아수라들은 힘이 무척 세고 욕심이 많았기 때문에 땅과 하늘을 자주 어지럽혔다. 특히 하늘의 신들은 지하에 사는 아수라들과 매번 전쟁을 치러야 했다. 아수라들이 신들의 거처인 하늘을 자꾸 넘보고 공격했기 때문이다.

 그럴 때마다 신들은 간신히 하늘을 지켰는데, 어떤 때는 계속 밀려나 하늘을 악마들에게 넘겨 줄 위기에 처할 때도 있었다. 그럴 때마다 신들의 힘만으로는 그들을 이길 수가 없어서, 한 번도 본 적은

없지만 땅과 하늘과 지하, 모든 세상을 내려다보고 계실 브라흐만[1]
에게 도움을 청할 수 없을까 안절부절못했다.

그 어떤 방법으로도 땅이나, 하늘, 땅 속 존재들에게 모습을 드러
낸 적이 없는 브라흐만은 자신에게서 생겨난 모든 존재들이 각자의
자리에서 희노애락을 느끼며 살아가는 모습을 즐겨 보고 있었다. 이
번에도 아수라들이 신들의 하늘을 공격하여 신들이 궁지에 몰리자,
브라흐만은 보이지 않게 신들을 도와 신들이 이기도록 해 주었다.

그랬더니 신들은 자신들이 잘 싸워서 아수라를 이겼다고 생각하
고 자만심에 가득 차 들떠서는 신들의 신인 브라흐만을 잊고 말았
다. 상황이 바뀌고 나니까 간절했던 마음은 사라지고, 대신 자만심
만 남은 것이다. 브라흐만은 신들의 자만심이 가져올 폐해를 생각하
고 직접 나서서 이들을 깨우쳐 주기로 했다. 본래 모습이 없는 브라
흐만이지만, 신들에게 보일 수 있도록 모습을 취하기로 한 것이다.

브라흐만이 신들의 자만심을 알고

그들 앞에 약샤[2]의 모습으로 나타났을 때

---

1) 우파니샤드의 대주제인 브라흐만은 인격 신이나 그 어떤 신도 아닐 뿐더러, 그 어떠한 방
법으로도 모습을 가질 수 없는 세상의 근원 존재다. 이 이야기에서 브라흐만을 마치 어떤
신인 것처럼 묘사한 이유는 모습이 없는 브라흐만이 신들과는 차원이 다른 존재라는 것을
설명하기 위해서다.
2) 약샤는 신으로 분류되지만, 하급 신으로 사람들에게 직접적인 숭배를 받지는 못한다.

신들은 이 약샤가 누구인지 알 수가 없었다.

신들은 불의 신 아그니에게

이 약샤가 누구인지 알아보라고 했다.

아그니가 이에 응했다.

아그니가 약샤에게 가자

약샤가 아그니에게 물었다.

"그대는 누구인가?"

아그니가 대답했다.

"나는 아그니, 세상에서 모든 알 것을 알게 하는 아그니요."

"그럼 그대에겐 무슨 능력이 있소?"

"나는 이 땅의 모든 것을 태울 수 있소이다."

약샤가 아그니에게 지푸라기 하나를 주며 말했다.

"이것을 태워 보라."

아그니가 그 지푸라기 앞으로 가 그것을 태우려 했으나

아무리 힘을 다해도 태울 수 없었다.

아그니는 돌아가서

약샤가 누구인지 알 수 없었노라고 말했다.

이제 신들이 바람의 신 바유에게

이 약샤가 누구인지 알아보라고 말했다.

바유는 이에 응했다.

그가 약샤에게 가자 약샤가 물었다.

"그대는 누구인가?"

바유가 대답하였다.

"나는 바유, 하늘과 땅 사이를 날아다니는 바유라오."

"그대에겐 무슨 능력이 있소?"

"나는 이 땅의 모든 것들을 날려 보낼 수 있소이다."

약샤가 바유에게 지푸라기 하나를 주며 말했다.

"이것을 날려 보라."

바유가 지푸라기 앞으로 가 날리려고 했으나

아무리 힘을 다해도 날릴 수가 없었다.

그는 되돌아와

이 약샤가 누구인지 알 수 없었노라고 말했다.

이번에는 신들이 천둥의 신 인드라에게

이 약샤가 누구인지 알아보라고 말했다.

인드라가 이에 응했다.
그러나 인드라가 약샤가 있는 곳에 갔을 때
약샤는 인드라 앞에서 갑자기 사라져 버렸다.

인드라는 약샤가 나타났던 하늘에 사는
매우 아름다운 모습의 여인
히말라야 산의 딸 우마에게 가서
이 약샤가 누구인가 물었다.

우마가 인드라에게 말하였다.
"그는 브라흐만이라오. 전쟁의 승리는 바로 그의 것
그대들은 브라흐만의 승리로 이처럼 영광을 얻은 것이오."
그때 인드라는 그가 바로 브라흐만임을 알았다.

아그니, 바유, 인드라가
브라흐만을 가까이에서 보았으므로
그리고 그가 브라흐만인 것을 알았으므로
다른 모든 신들 가운데 뛰어나게 되었다.

이 가운데서도 인드라가

가장 가까이에서

브라흐만을 만났고

가장 먼저 우마를 통해 알았으므로

그가 가장 뛰어난 신이 되었다.

여기 우리에게 주는 교훈이 있으니

번개처럼

눈 깜짝할 순간처럼

반짝 나타났던 모습이

브라흐만의 신적 존재로서의 모습이라는 것이다.

(께나 우파니샤드 제3장 2절~4장 4절)

　자신이 최고라고 믿었던 신들은 그 자만심 때문에 자신의 능력을 발휘하지 못했다. 세상 모든 것을 태울 수 있다고 자신만만했던 아그니가 지푸라기 하나를 태우지 못하다니, 세상의 모든 것을 날릴 수 있다고 자신만만했던 바유가 지푸라기 하나를 날리지 못하다니, 어쩌다가 그렇게 되었을까? 그건 자업자득이었다. 왜냐하면 스스로 최고라고 여기는 자만심은 자신의 가능성을 거기에서 멈추게 하기 때문이다.

　이 이야기는 인간의 자만심을 신에 비유한 것이라고 생각해 볼 수도 있다. 최고라면 그 이상은 아무것도 볼 것이 없고, 볼 필요도 없어지니 당연히 성장할 이유가 없어진다. 성장할 힘을 잃어버린다. 자만의 위험은 자만해진 사람 주위를 언제나 맴돌고 있다. 한순간에 그를 무기력하게 만들어 낭떠러지로 떨어뜨려 버린다.

오히려 사람은 겸손할 때, 불가능해 보이는 한계를 넘어 목표를 달성해서, 보는 이에게까지 감동을 안겨 주는 일을 우리는 종종 본다. 그럴 때마다 우리는 감동을 받기는 하지만, 거기에서 새겨야 할 값진 교훈은 곧 잊어버린다. 사람마다 능력에 차이가 있기는 하나 그 차이란 사실 아주 작은 것이다. 그보다는 목표를 위해 어떻게 노력하는가가 그 결과를 결정짓는다고 할 수 있다.

뇌를 연구하는 의사나 과학자들은 사람의 가능성은 무한하며, 보통 사람들은 평생 뇌 기능의 10%도 쓰지 못하고 죽는다고 말한다. 그런 이야기는 사람에게 자기 능력을 펼칠 가능성이 얼마나 큰가를 생각하게 해 준다. 그런데도 사람이 능력을 충분히 발휘하지 못한다면 문제는 바로 자만심, 닫힌 마음 때문일 것이다.

가장 작으면서 가장 큰 나

나의 중심에 있는 이 아뜨만은 쌀알보다도, 보리알보다도, 작은

104

겨자씨보다도, 조보다도, 껍질을 깐 좁쌀 한 알보다도 더 작도다.
또 나의 중심에 있는 이 아뜨만은 땅보다, 대공(大空)[3])보다, 천상보
다, 또는 이 모든 것을 합한 것보다 더 크도다.

(찬도기야 우파니샤드 제3장 14편 3절)

우리는 마음을 어떻게 갖는가에 따라 운명이나 능력이 달라진다는
사실을 기억해야 한다. 아뜨만이 가장 작은 존재이기도 하지만 가장
큰 존재이기도 하듯이, 인간은 어쩌면 처음부터 아무것도 정해지지
않은, 100% 가능성을 가진 존재들인지도 모른다. 그래서 자만심이
라는 곳곳의 함정을 조심하지 않으면 안 된다. 자만심이야말로 가능
성을 없애는, 참존재에 도달하는 길을 막는 장애물이기 때문이다.

목소리가 장담하기를 "내가 말하겠다." 눈은 "내가 보겠다." 귀는
"내가 듣겠다." 또한 다른 감각 기관들도 각기 제 구실을 들어 장담
했다.
죽음이 '피로'의 힘으로 그들을 잡고, 꽉 쥐어서 그들 안으로 들
어섰다. 목소리는 피곤해졌으며 눈, 귀 등 다른 감각 기관들도 그
러하였다. 그러나 죽음은 몸 안에서 유일하게 숨만큼은 쥐어 잡지

---

3) '텅 비어 있는 큰 공간'이라는 뜻으로, 소리나 빛의 통로가 되는 우주의 모든 공간을 가리
킨다.

못했다.

　감각 기관들은 이제야 알게 되었다. '우리들 가운데 가장 위대한 자, 움직일 때나 움직이지 않을 때나 아무런 고통도 느끼지 않고 상처도 입지 않는 자는 숨뿐임'을 알았다.

(브리하다란야까 우파니샤드 제1장 5편 21절)

　모든 감각들이 각자 "내가 보겠다.", "내가 듣겠다." 하고 장담했다. 하지만 눈, 귀가 속한 몸에 생명이 없다면 눈, 귀 같은 감각 기관들이 무엇을 할 수 있을까? 장담은 요란했지만 조용하게 이들을 받쳐 주던 숨이 아니면 자신들이 혼자 할 수 있는 일은 아무것도 없었다. 이것을 감각 기관들은 뒤늦게 깨달았다. 그래서 우파니샤드는 절대로 자만하지 말고 언제나 밖으로 드러나지 않는 '누구'를 탐구하라고 했다. 한 걸음 뒤로 물러나 모든 생명이 공존하는 이 세상과 그 가운데 하나인 나 자신까지도 탐구해 보라는 것이다.

　이 마음은 어느 누구에 의해 원하는 곳으로 움직이는가?
　누구와 결합하여 첫 호흡이 시작되었는가?
　모든 생명체들은 누구에게 감화를 받고 말을 하는가?
　눈과 귀 뒤에 어느 누구의 힘이 숨어 있는가?
　귀의 귀

마음의 마음

말의 말

바로 그가 숨의 숨이요

눈의 눈이라.

현명한 자는 이 진리를 알고

이 세상을 넘어 불멸을 얻으리라.

그곳은 눈도

언어도

마음도

도달하지 못하는 곳

그러니 제자에게 어떻게 설명해 주어야 할까.

우리는 그 브라흐만을 이해하지 못하네.

다만 우리가 알고 있는 것들과 다르며

또한 우리가 알지 못하는 것들과도 다르다고

우리는 우리를 위해 이야기해 준 옛 현인들에게 들었노라.

(께나 우파니샤드 제1장 1절~3절)

세상 모든 존재들 가운데 사람만이 가장 우월하고, 그렇기 때문에

세상을 소유할 권리가 있다고 생각한다면, 다른 동물과 식물 그리고 모두가 함께 사는 이 대기를 오염시켜도 아무렇지 않다고 생각한다면, 그것은 이야기에 등장하는 신들과 마찬가지로 자만에 빠진 것이다. 자기 존재의 근원도 알지 못하면서 무엇을 가지고 우월하다고 주장할 수 있는가? 근원 존재가 우리가 알고 있는 것들과 다르고, 또한 우리가 알지 못하는 것들과도 다르다면, 자만에 빠진 사람이 도대체 무엇으로 그것을 알 수 있겠는가?

아그니가 세상 모든 것을 태울 수 있다고 자만할 때, 바유가 세상 모든 것을 날릴 수 있다고 자만할 때 그렇게 할 수 있도록 한 근원 존재를 몰랐던 것처럼, 우리도 볼 수 있다고 자만할 때, 들을 수 있다고 자만할 때, 알 수 있다고 자만할 때 우리로 하여금 그렇게 할 수 있도록 한 근원 존재를 모르는 것이다. 그것은 남이 아닌 스스로가 만든 한계다. 세상을 살아가면서, 세상을 보는 눈이 나의 몸에 있기 때문에 나를 중심으로 생각하는 것이 당연하지만, 현명한 사람은 언제나 그것을 경계한다.

볼 때 보게 하는 자를 볼 수 없고, 들을 때 듣게 하는 자를 들을 수 없고, 생각할 때 생각하게 하는 자를 생각할 수 없으며, 알 때 알게 하는 자를 알 수 없는 법이다.

(브리하다란야까 우파니샤드 제3장 4편 2절)

이 모든 세상은 분명 브라흐만이요, 세상은 브라흐만에서부터 생겨나고 다시 그 브라흐만으로 돌아가며, 그 안에서 움직이노라. 그러므로 평안한 마음으로 이 브라흐만을 숭배하라. 이 세상에서 그대가 행하는 바대로 육신이 죽은 뒤에 이루어지리라. 그러므로 자신이 이룰 일을 스스로 만들지어다.

(찬도기야 우파니샤드 제3장 14편 1절)

"자신이 이룰 일을 스스로 만들지어다."라는 말은 우파니샤드의 인생관을 잘 보여 준다. 브라흐만과 아뜨만이 결국 하나임을 아는 것이 중요하지만, 그 앎을 삶에 적용하는 것은 그 자신이다. 자유 의지를 가진 사람의 일생은 자신이 어떻게 만들어 나가는가에 따라 다른 결말을 맺는다. 이것이 바로 행위에 따라 그 결과를 받게 된다는 업 사상이기도 하다. 그러니 세상을 어떻게 살아야 할지 신에게 묻지 말고 스스로 알려고 노력하고 행하라는 것이다. 세상과 나에 대한 균형 잡힌 눈을 가지고 말이다. 그게 바로 우파니샤드의 교훈이다.

6

천둥의 노래

이 육신은 죽음이 없고, 육신이 없는 아뜨만이 잠시 머무는 자리에 불과하다. 그러므로 그 육신의 아뜨만은 기쁨과 슬픔에 붙잡혀 있다. 육신을 갖고 있으면서 기쁨, 슬픔이 완전히 없을 수는 없기 때문이다. 그러나 기쁨과 슬픔은 육신이 없는 초월적인 아뜨만을 건드리지 못한다.

6. 천둥의 노래

인도 신화에서는 땅에 사는 인간, 하늘에 사는 신, 땅 속에 사는 아수라들이 모두 쁘라쟈빠띠(조물주)로부터 나온 자식들이다. 조물주는 자식들이 훌륭하게 살아가기를 바랐기 때문에 자식들에게 존재의 참모습에 대해 깨달을 수 있는 기회를 준다. 조물주는 자식들이 존재의 참모습인 아뜨만을 앎으로써 우주와 생명의 존재 방식을 깨닫기를 기대했던 것이다. 그런데 모두에게 똑같은 기회를 주지만, 자식들은 각기 다른 결과를 얻는다. 또한 조물주는 자식들이 모두 치명적인 단점을 가지고 있음을 걱정한다. 그래서 각자에게 필요한 삶의 교훈을 천둥소리에 담아 들려준다. 천둥소리를 들을 때마다 다시 한 번 삶의 교훈을 떠올리라는 뜻이었다.

육신이 아닌 참모습을 보라

천둥의 신 인드라, 바람의 신 바유, 불의 신 아그니. 인도 신화에는 하늘에 사는 신들이 많이 등장한다. 또 땅 속에는 아수라들이 살고 있다고 하는데, 모두 재능과 개성이 다른 존재들이다. 그리고 하늘과 지하 사이는 사람들이 사는 공간이다. 이 모든 존재들을 빚어낸 조물주를 '만물의 아버지'라는 뜻에서 '쁘라쟈빠띠'라고 한다.

조물주는 자식들이 자신의 존재를 바르게 파악해서 만물이 존재하는 방식을 깨닫기를 바랐다. 그것이야말로 자식들이 주어진 환경에서 바르게 살아가는 법을 스스로 터득하는 길이기 때문이다. 그래서 모든 생물들 안에 깃들어 있는 참모습(아뜨만)이 무엇인가를 가르치기로 했다.

"아뜨만이란 무엇인가?"

조물주가 말했다.

"어떠한 죄악도, 늙음도, 죽음도, 슬픔도, 배고픔도, 목마름도 없는 그 아뜨만은 참욕망을 가졌으며 참의지를 가졌으니, 그것이 너희들이 알아야 할 것, 너희들이 찾아 깨달아야 할 것이다. 아뜨만을 알고 나면 모든 세계를 얻고 모든 욕망을 이룬다."

(찬도기야 우파니샤드 제8장 7편 1절)

죄를 범하는 것은 육신이다. 또한 늙음, 죽음, 슬픔, 배고픔, 목마름은 육신에 일어나는 변화와 결핍 현상이다. 이 모든 것은 존재의 참모습과는 다른 육신으로 말미암아 생기는 현상들이다. 조물주는 자식들에게 자기 자신을 이러한 육신과 동일시한다면 계속해서 그 육신 때문에 고통 받을 수밖에 없다는 사실을 말해 주고 싶었다. 자식들이 이러한 육신과는 다른 존재의 참모습을 보는 눈을 갖기를 바랐다.

어떤 존재든지 자기 자신의 참모습을 보려면 육신, 즉 몸뚱이에 대한 집착을 버려야 한다. 육신이 자기 자신이라고 믿으면 자기의 참모습을 볼 수 있는 여지가 없어지기 때문이다. 육신에 대한 집착을 버리면 욕심이 없어지고, 욕심이 없어지면 그로 인한 모든 변화와 고통도 없어진다. 몸은 태어나고, 자라고, 늙고, 배고프고, 목마름을 느끼는 의미 없는 쳇바퀴를 도는 것이 당연하다. 그러니 여기에 매이지 말고 자신의 참모습을 보는 눈을 뜨고, 더 큰 삶의 의미를 목표로 삼아야 한다는 것이다.

본래 존재의 참모습인 아뜨만은 형태가 없다. 따라서 쉽게 볼 수 없다. 하지만 자신의 참모습을 보려는 존재는 고픈 배를 당장에 채우는 것이 삶의 목표가 아니라 완전한 자유를 추구하는 보다 큰 목표를 갖게 된다. 완전한 자유를 추구하는 보다 큰 목표, 이것이 해탈의 욕망이다. 자기 자신을 아뜨만으로 보는 존재는 그 어떤 눈앞의 욕망이 아닌 해탈의 욕망만을 가진다. 또 자기 행위에 대해 다른 누구에게 의지하는 것이 아니라, 스스로 생각해서 결정하고 행동한다. 아뜨만은 본래 자립적인 존재이기 때문이다. 참의지를 가진 존재로서 참의지를 추구하는 것이다.

이렇게 모든 존재는 그 자체의 참모습으로 인해서 모두 귀하고 소중한 존재들이다. 이것을 아는 존재는 세상 모두를 귀하게 생각할 줄 알고, 자신을 진정 귀하게 생각할 줄 안다. 이것이야말로 모든 생명들이 잊지 말아야 할 가장 중요한 지식이다. 육신의 한계를 모르고 자신을 기껏 그 몸뚱이로 한정해서 생각하는 사람은 끝없이 몸을 꾸미고 채우려는 욕망을 향해 몰두한다.

하지만 아뜨만을 알고 나면 참존재로 말미암아 의식이 확장되어, 그런 세속적인 세계가 아니라 진정한 존재들의 참모습으로 이루어진 세계에 머물게 된다. 그리고 그 어떤 욕망도 자신 안에서 모두 해결할 수 있게 된다. 이것이 조물주가 자식들에게 가르치고 싶었던 아뜨만에 대한 지식이다.

그런데 신과 아수라들은 조물주의 말씀 가운데 "모든 세계를 얻는다.", "모든 욕망을 이룬다."는 부분에만 귀가 번쩍 뜨였다. 그것은 바로 지금, 이들이 육신에 집착하고 있다는 증거였다. 그도 그럴 것이 생명의 참모습을 한 마디의 가르침으로 알기는 어렵기 때문이다.

신과 아수라들은 자신들이 아버지의 말씀을 이해했다고 생각했고, 아버지께 자신들이 이미 이해했음을 보여 드리고 싶었다. 신들 가운데는 인드라가, 그리고 아수라들 가운데는 비로짜나가 나섰다.

둘은 각기 배움을 위하여 장작을 들고 아버지께 갔다. 나무 장작을 들고 스승을 찾아가는 것은 뜨거운 배움의 열기를 가지고 있다는 표현이다. 인드라와 비로짜나는 나무에 불을 붙이면 활활 타듯이, 가르침을 주시면 열심히 배워 무지를 불태우겠다는 의지를 아버지께 분명히 보여 드렸다.

"조물주 아버지시여, 허락해 주신다면 저희가 그 아뜨만, 그를 알면 모든 세계와 모든 욕망을 얻는다 하신 그 아뜨만을 찾겠습니다."

(찬도기야 우파니샤드 제8장 7편 2절)

그러나 아버지는 자식들이 성급하다는 것을 알고 있었다. 그래서 아무런 대꾸도 하지 않은 채 자식들을 32년 동안 기다리게 했다. 그 긴 시간을 견디느라 인드라와 비로짜나는 육신에서 비롯된 갖가지 유혹을 어느 정도 참을 수 있게 되었고, 브라흐만의 지혜를 구하는 제자답게 성실히 지내려고 노력했다. 그러자 조물주가 물었다.

"너희들은 무엇 때문에 이곳에 왔느냐?"

그러자 둘이 말했다.

"오래전부터 훌륭하신 분들께서 '어떠한 죄악도, 늙음도, 죽음도, 슬픔도, 배고픔도, 목마름도 없는 그 아뜨만은 참욕망을 가졌으며 참의지를 가졌으니, 그것이 그대들이 알아야 할 것, 그대들이 찾아 깨달아야 할 바로 그것이다. 아뜨만을 알고 나면 그 사람은 모든 세계를 얻고 모든 욕망을 이루리라.' 하신 말씀을 듣고 저희들이 그 아뜨만을 알고자 이곳에 와서 금욕을 하며, 진리의 가르침을 원하는 제자로 긴 시간을 기다린 것입니다."

(찬도기야 우파니샤드 제8장 7편 3절)

아버지는 인드라와 비로짜나가 긴 시간을 참고 기다린 것은 기특하게 생각했지만, 아직 이들이 성급해 보여 걱정이었다. 이들이 침착하게 생각하기를 바라면서 아버지는 참모습, 즉 아뜨만이 무엇인지 설명했다.

"눈에 보이는 자신의 모습, 그것이 아뜨만이다. 그것이 죽지 않고 두려움도 없는 브라흐만이다."

그러자 둘이 물었다.

"존경하는 아버지시여, 물 위에 비치는 제 모습과 거울에 보이는 제 모습 가운데 어느 것이 아뜨만입니까?"

이에 아버지가 대답했다.

"잘 듣거라. 눈에 보이는 자신의 모습이 아뜨만이다. 그러므로 아뜨만은 모든 곳에 나타나는 것이다."

(찬도기야 우파니샤드 제8장 7편 4절)

이것은 물이나 거울에 비친 모습이 중요한 것이 아니고, 그 본체가 바로 참존재라는 뜻이다. 어디에 비치든 중요한 것은, 물 위에 흔들리거나 거울에 비친 모습이 아니라 그것을 만들어 낸 본체라는 것이었다. 그런데 인드라와 비로짜나는 이 말을 제대로 이해하지 못했다.

아버지가 말했다.

"물에 너희들의 모습을 비춰 보고, 너희들이 알지 못한 아뜨만에 대해서 계속 이야기하자."

둘은 말씀에 따라 물에 자신들의 모습을 비추어 보았다.

아버지가 물었다.

"너희들이 지금 보는 것은 무엇이냐?"

"저희들이 지금 보는 것은 손톱부터 털 하나하나까지 저희들의 모습 그대로인 제 자신의 모습입니다."

둘에게 아버지가 말했다.

"너희들이 보기 좋게 꾸미고, 아름다운 옷을 입고, 몸도 깨끗이 한 뒤에 물가로 가 그 모습을 비춰 보아라."

그래서 둘은 말씀대로 보기 좋게 꾸미고, 아름다운 옷을 입고, 몸도 깨끗이 한 뒤 물가로 가 모습을 비춰 보았다.

아버지는 다시 그들에게 물었다.

"너희들이 지금 보는 것은 무엇이냐?"

둘이 말했다.

"존경하는 조물주 아버지시여, 저희들이 훌륭하게 꾸미고, 아름다운 옷을 입고, 몸을 깨끗이 하였으니 물속에 보이는 모습도 보기 좋게 꾸미고, 아름다운 옷을 입고, 몸도 깨끗이 한 저희 자신의 모습입니다."

그러자 아버지는 말했다.

"그래, 그것이 아뜨만이다."

그러자 둘은 평온한 마음이 되어 각자 그곳을 떠났다.

(찬도기야 우파니샤드 제8장 8편 1절~3절)

물에 비친 모습이 아무리 아름답고 훌륭하더라도 진짜 중요한 것은 그 아름다운 모습의 진짜 주인, 즉 어떤 모습을 하고 있든 늘 그 모습 속에 있는 그 사람의 참모습이다. 이것은 단순한 이야기지만, 생각의 틀을 바꾸지 않고는 이해하기 어렵다. 인드라와 비로짜나는 제대로 이해하지 못한 채, 물속에 멋지게 비친 자신들의 모습에 만족하고 그것으로 다 알았다고 생각했다.

아버지는 저 멀리 가는 둘을 보면서 생각했다.

'쯧쯧, 저 아이들이 참모습을 이해하지 못하고, 아뜨만을 알지 못하고 그냥 저렇게 가는구나. 신이든 아수라든 저렇게만 알고 마는 자는 결국 파멸을 겪을 것이다.'

비로짜나는 평온한 마음으로 동료 아수라들에게 돌아갔다. 그리고 '모든 세상을 얻고 모든 욕망을 이루게 해 주는 비밀'을 알려 주겠다고 큰소리치며, 자기가 아는 대로 물에 비친 멋지게 차려입고 몸을 깨끗이 한 자신의 모습이 바로 아뜨만이라고 동료들에게 설명했다.

그러나 인드라는 동료 신들이 기다리고 있는 곳에 도착하기 전에 문득 자기가 안 것에 대해 의문이 생겼다.

'이 몸을 보기 좋게 꾸미면 그 아뜨만도 보기 좋게 꾸며지고, 이 몸이 아름다운 옷을 입고 있으면 그 아뜨만도 아름다운 옷을 입고 있고, 몸을 깨끗이 하면 그 아뜨만도 몸을 깨끗이 한 자가 되고, 이 몸이 장님이 되면 아뜨만도 또한 장님이 되고, 이 몸이 절름발이면 그 아뜨만도 절름발이가 되고, 이 육신이 없어지면 아뜨만도 없어지는 것이 아닌가. 이 육신의 아뜨만은 내가 찾는 아뜨만이 아니다.'

(찬도기야 우파니샤드 제8장 9편 1절)

인드라는 다시 장작을 들고 아버지에게 갔다. 아버지는 늦기는 했지만 그대로 가 버리지 않고 다시 돌아온 인드라를 보고 흐뭇해했다. 아버지는 인드라에게 물었다.

"인드라야, 너는 비로짜나와 함께 평온한 마음이 되어 돌아간다고 떠나지 않았더냐. 무엇 때문에 다시 왔느냐?"
인드라가 말했다.
"존경하는 조물주 아버지, 이 몸을 보기 좋게 꾸미면 그 아뜨만도 보기 좋게 꾸며지고, 이 몸이 아름다운 옷을 입고 있으면 그 아뜨만도 아름다운 옷을 입고 있고, 이 몸을 깨끗이 하면 그 아뜨만의 몸도 깨끗해지고, 이 몸이 장님이 되면 아뜨만도 또한 장님이 되고, 이 몸이 절름발이면 그 아뜨만도 절름발이가 되고, 이 육신이 없어지면 아뜨만도 없어지는 것이 아닙니까? 저는 그런 아뜨만을 아는 것으로 만족할 수가 없었습니다."

아버지가 미소 지으며 말했다.

"인드라야, 옳게 생각했다. 내가 너에게 다시 그 아뜨만에 대해서 설명해 주겠다. 다시 32년을 기다리겠느냐?"

인드라는 다시 그곳에서 32년을 지냈다. 그러고 나니 어느 날 아버지가 인드라에게 말했다.

"인드라야, 꿈속을 다니는 자기 자신이 있다. 그 자기 자신이 바로 참모습 아뜨만이다. 그는 죽지 않으며 두려움이 없으니, 그가 브라흐만이다."

인드라는 이제야 제대로 알았다고 생각했다.

'이 몸이 장님이라도 그 꿈속의 나는 장님이 아니다. 내 몸이 없어져도 꿈속의 뿌루샤는 사라지지 않는다. 그렇다. 육신의 흠으로 인해서 꿈속의 육신이 흠나지 않는다. 이 육신이 죽어도 그 꿈속의 뿌루샤는 사라지지 않고, 육신이 사라져도 그 뿌루샤는 사라지지 않는다. 맞다, 그게 바로 나의 참모습이다!'

인드라는 이제 마음이 다시 평온해졌다.

인드라는 아버지께 인사를 드리고 신들의 거처로 돌아갔다. 하지만 이번에도 동료 신들이 기다리는 곳에 도착하기 전에 또 다른 의문이 들었다.

'내가 죽지 않았는데도, 꿈에서 나는 죽기도 하고, 내가 괴롭지도 않은데 괴롭기도 하고, 내가 불쾌하지도 않은데 불쾌하기도 하고, 내가 울고 있지도 않은데 상심하여 우는 듯 보이기도 하지 않는가. 이렇게 불안한 모습이 나의 참모습이란 말인가.'

그래서 인드라는 다시 장작을 들고 아버지에게 갔다.

"아버지, 제 몰골이 어떨지라도 꿈속의 제 모습은 완벽하니, 그것이 제 참모습인줄 알았습니다. 하지만 꿈에서 죽고, 괴롭고, 불쾌하고, 상심하는 듯 보이기도 하니, 꿈속의 제 모습이 참모습이 아닌 것 같습니다."

아버지는 이번에도 기대하고 있었다는 듯 말했다.

"인드라여, 옳게 생각했다. 다시 그 아뜨만에 대해서 설명해 주겠다. 다시 32년을 기다리거라."

인드라는 다시 그곳에서 32년을 기다렸다. 그리고 나서 어느 날, 아버지는 인드라에게 말했다.

"인드라야, 네가 잠을 자면서 아주 깊은 잠에 빠져 아무것도 생각하지 않으며, 꿈조차 꾸지 않는 행복한 상태가 있었을 것이다.
그때의 네가 바로 너의 아뜨만이다."

'아, 그래서 꿈도 없는 깊은 잠을 자고 나면 기분이 좋은 것이로
구나.'

이제야 인드라는 참모습을 제대로 찾은 것 같았다. 인드라는 다
시 평온한 마음이 되어 길을 나섰다. 그러나 이번에도 신들이 기다
리고 있는 곳에 도착하기 전에 의심이 들었다.

'이렇게 깊은 숙면 단계에서 사람은 '이것이 나'라는 생각조차 할
수 없을 뿐 아니라, 다른 그 어떤 것도 알 수가 없다. 그렇다면 그러
한 아뜨만은 없는 것이나 마찬가지가 아닌가.'

그래서 인드라는 다시 장작을 가지고 아버지에게 갔다.

"인드라야, 지난번에 너는 평온한 마음으로 돌아간다고 하지 않
았느냐? 무슨 일로 다시 왔느냐?"

"존경하는 조물주 아버지시여, 스스로를 알지 못하고 다른 것도
알지 못한다면 그것은 없는 것이나 마찬가지 아닙니까? 더구나 그
렇게 깊은 잠에 빠지는 순간은 너무도 짧습니다."

(찬도기야 우파니샤드 제8장 9편 2절~11편 2절)

아버지는 여기까지 잘 따라와 준 인드라가 정말 기특했다. 하지만 다시 5년을 더 기다리라고 한 다음에야 아뜨만에 대해서 이렇게 설명했다.

"인드라야, 이 육신은 분명 그 끝에 이르러서는 스러지는 것이다. 이 육신은 항상 죽음에 붙잡혀 있기 때문이다. 이 육신은 죽음이 없고, 육신이 없는 아뜨만이 잠시 머무는 자리에 불과하다. 그러므로 그 육신의 아뜨만은 기쁨과 슬픔에 붙잡혀 있다. 육신을 갖고 있으면서 기쁨, 슬픔이 완전히 없을 수는 없기 때문이다. 그러나 기쁨과 슬픔은 육신이 없는 초월적인 아뜨만을 건드리지 못한다."

(찬도기야 우파니샤드 제8장 12편 1절)

인드라는 이제 자기의 참모습은 지금까지 자기가 안다고 생각한 모든 단계의 모습에서는 찾을 수 없다는 사실을 알았다. 참모습은 눈에 보이는 겉모습이 아니라 그것의 본체이고, 그 참모습을 알면 겉모습에 집착하지 않으므로 진정 자유로워진다는 것을 알게 되었다.

인드라는 마침내 동료 신들에게 돌아가 자신이 알게 된 아뜨만에 대해서 아는 대로 설명했다. 이렇게 해서 인드라와 신들은 정말 알아야 할 것에 대해서 가장 먼저 알게 되었다. 조물주의 말씀대로 신들은 이때부터 '모든 세계를 얻고 모든 욕망을 이루게' 되었다.

자제하라, 베풀라, 동정심을 가져라

하지만 인드라는 참모습을 온전히 알기에는 자만심이 너무 컸다. 인드라뿐 아니라, 신들은 각자의 훌륭한 권능 때문에 자신도 모르게 권능에 대한 자만에 빠지곤 했다. 조물주 아버지는 인드라의 영특함을 알면서도 언제 또 자만에 빠져들지 걱정을 놓을 수가 없었다. 어떤 권능이든 외적인 것에 집착하면, 생명의 참모습과는 거리가 멀어질 수밖에 없기 때문이다.

한편 아수라들 역시 조물주 아버지의 큰 골칫거리였다. 아수라들은 그저 눈에 보이는 자기 자신이 참모습이라고 생각할 뿐, 더 이상 참모습에 대해 깊이 생각하지 않았다. 게다가 자신들의 힘과 무기에 자신감이 생겨, 수도 더 많고 힘도 더 센 자신들이 신들을 정복하지 못하는 것에 늘 불만이었다. 아수라들은 매사에 방해꾼이었다. 이들은 자신들이 차지하지 못하는 것은 다른 누구도 갖지 못하게 망쳐 놓았다.

신들은 매번 아수라들이 자신들을 방해하자, 언젠가는 혼을 내리라 벼르고 있었다. 어느 날 아수라들이 신들의 제사를 방해하자, 신들은 이번에야말로 가만히 있지 않겠다고 뜻을 모았다.

신들은 제사에 사용하는 신성한 찬송가의 힘을 빌려 아수라들의 방해를 물리쳐 보기로 했다. 본래 순수하고 신성한 힘인 목소리,

코, 눈, 귀, 마음, 그리고 숨이 찬송가의 힘이었다.

신들이 목소리에게 찬송을 부탁하자 목소리는 기꺼이 돕겠다고 했다. 최선을 다해 부르는 찬송은 신들에게 희망을 주는 듯했다. 그런데 아수라들이 이 사실을 알고는 어느새 제사장으로 숨어들었다. 그리고 찬송의 힘이 자신들을 해칠 것을 염려한 나머지 목소리에게 다가가 죄악의 칼로 찔렀다. 그로 말미암아 목소리는 죄로 오염되었고, 더 이상 순수하고 신성한 힘을 낼 수 없게 되었다.

신들은 목소리가 실패하자, 코, 눈, 귀, 마음에게 차례차례 찬송을 부탁했고, 모두 목소리처럼 죄악에 물들어 더 이상 순수하고 신성한 힘을 낼 수 없게 되었다. 마지막으로 신들은 숨에게 찬송을 부탁했다. 숨도 기꺼이 돕겠다고 했다. 아수라들은 지금까지와 마찬가지로 이 찬송이 자신들을 해칠 것을 염려해 숨을 죄악의 칼로 찌르려고 했다. 그런데 그 결과 숨이 아닌 아수라들이 칼에 찔려 산산조각이 났다. 그 모습은 바위에 흙을 뭉쳐 내리친 것과 같았다. 숨은 죄로 물들지 않고 여전히 순수하고 신성한 힘을 발휘하여 제사장을 지켰고, 그 찬송가의 힘으로 아수라들을 간신히 물리쳤다.

(브리하다란야까 우파니샤드 제1장 3편 요약)

이렇게 신은 신들대로 아수라는 아수라대로 조물주의 걱정거리였다. 조물주는 자식들을 타이를 수 있는 적당한 때를 기다렸다. 그러던 어느 날 신들이 가르침을 구했다. 오늘이 바로 적당한 때였다.

"저희에게 가르침을 주십시오."

그런데 그들에게 쁘라쟈빠띠가 준 것은 "다"라는 한 마디뿐이었
다. 쁘라쟈빠띠가 알겠느냐 하고 물으니, 신들은 알겠다고 하였다.
말해 보라 하니 "자제하라(담미야뜨)는 말씀이시지요?" 하였고, 아버
지는 "그렇다. 너희들이 옳게 이해했다."라고 하였다.

(브리하다란야까 우파니샤드 제5장 2편 1절)

신들은 이미 생명의 참모습을 이해하는 과정을 통해 깊이 생각하
는 법을 알았고, 이번에는 스스로 아버지의 "다"라는 한 마디가 무
엇을 의미하는지 알아 낼 수 있었다. 신들은 각자 속으로 생각했다.

'우리 신들이 가장 집착하는 것은 인드라의 천둥 번개, 바유의 날
리는 힘, 아그니의 태우는 힘과 같은 특별한 권능들이다. 하지만 이
힘들은 모두 이와 같은 존재를 만드신 조물주에게서 비롯된 기능에
불과하다. 여기에 집착해서는 생명의 근원인 브라흐만의 자유로운
영혼에 합류할 수 없다.'

조물주는 신들에 대해서는 이제 한시름 걱정을 놓아도 되겠다고
생각했다. 신들이 아버지에게 가르침을 받았다는 소식을 듣고 질투
가 난 인간과 아수라들도 서둘러 몰려왔다.

그 다음에 인간들이 아버지에게 여쭈었다.

"저희들에게도 가르침을 주십시오."

그들에게 아버지가 준 것은 "다"라는 한 마디뿐이었다. 아버지가 알겠느냐 하고 물으니, 인간들은 알겠다고 하였다. 말해 보라 하니 "베풀라(닷따)는 말씀이시지요?" 하였고, 아버지는 "그렇다. 너희들이 옳게 이해했다."라고 하였다.

그 다음에 아수라들이 아버지에게 물었다.

"저희들에게 가르침을 주십시오."

그들에게 아버지가 준 것은 "다"라는 한 마디뿐이었다. 아버지가 알겠느냐 하고 물으니, 아수라들은 알겠다고 하였다. 말해 보라 하니 "동정심을 가지라(다야드왐)는 말씀이시지요?" 하였고, 아버지는 "그렇다, 너희들이 옳게 이해했다."라고 하였다.

이 가르침이 하늘의 소리로 다시 울리니, 구름이 "다, 다, 다." 소리를 내는 것이 그것이다. 그러므로 "자제하라, 베풀라, 동정심을 가져라." 이 세 교훈을 새길지어다.

(브리하다란야까 우파니샤드 제5장 2편 2절~3절)

신에 이어 욕심 많은 인간과 힘으로 남을 누르기 좋아하는 아수라들도 자신들이 어디에도 구속되지 않는 자유로운 영혼이 되는 데 가장 방해가 되는 것이 무엇인지를 스스로 파악하고, "다"라는 한 마디 가르침을 잘 알아들었다. 조물주는 자식들이 언제까지 이 가르침을 기억할까 싶어 그것을 천둥소리에 넣어 두었다.

그로부터 "다다다다" 하는 천둥소리를 들을 때마다, 자식들은 아버지가 각기 자신들에게 해 준 충고를 기억한다고 한다. 담미야뜨(자제하라), 닷따(베풀라), 다야드왐(동정심을 가져라). 담미야뜨, 닷따, 다야드왐. 담미야뜨, 닷따, 다야드왐······.

신화는 상징을 사용하는 이야기다. 태극기라는 상징이 대한민국을 나타내고, 한가위 보름달이라는 상징이 풍요를 나타내는 데서 알 수 있는 것처럼, 상징은 그 안에 담긴 내용을 아는 것이 중요하다. 즉, 신화에서 머리가 열 개 달린 존재란 머리가 매우 좋은 존재라는 것을 나타내고, 팔이 많이 달렸다는 것은 여러 개의 무기를 동시에 잘 쓴다거나 여러 능력을 가졌다는 것을 나타낸다. 그러니까 신화의 이야기는 사람들에게 이야기 자체가 아니라 그 안에 담긴 의미를 기억하게 하기 위한 것이다.

신, 인간, 아수라가 모두 조물주의 자식이라는 것은 단순한 이야기가 아니라 신, 인간, 아수라와 같은 세상의 존재들이 모두 어떤 공통된 근원에서 나왔다는 것, 혹은 사람들이 제각기 다른 듯 보이지만 아무리 잘나거나 못난 그 누구도 같은 근원에서 나왔음을 이야기하려고 한 것이다. 그리고 어떤 사람은 신들처럼 자만심이 강하고,

어떤 사람은 욕망의 노예가 되기 쉬우며, 또 어떤 사람은 아수라들처럼 힘이 최고인 줄 알고 산다. 이 이야기는 우리 사람들로 하여금 생명의 참모습을 이해함으로써, 자제하고, 베풀고, 나보다 약한 상대에게 동정심을 가져야 한다고 가르치고 있다.

7

하늘을 감싼 것을 감싸고 있는 것은?

이 불멸의 존재는 보이지 않으나 보는 자요, 들리지 않으나 듣는 자요, 마음속에 생각할 수 없으나 생각하는 자요, 알 수 없으나 아는 자요, 그 외에 듣는 자가 있지 않고, 그 외에 생각하는 자가 있지 않고, 그 외에 아는 자가 있지 않소.

7. 하늘을 감싼 것을 감싸고 있는 것은?

자나까 왕은 신을 극진히 섬기기는 했지만, 사실은 신에 대해서 명확히 알지 못했다. 그는 온 나라 사제들이 모인 자리에서, 신에 대해서 명확하게 설명할 수 있는 최고의 사제가 있는지 확인하고 싶었다. 그래서 상금을 걸었는데, 아무도 선뜻 최고의 사제임을 자임하지 못하고 망설였다. 그런데 야쟈왈끼야 성자만 선뜻 나서서 상금을 거두어 가려고 했다. 다른 사제들은 야쟈왈끼야 성자를 막아서며, 과연 그가 최고 성자인지를 확인해 보자고 달려들었다. 그러나 신에 대한 수많은 질문에 대해 막힘없이 대답한 야쟈왈끼야 성자에게 결국 자나까 왕뿐만 아니라 다른 사제들까지도 고개를 끄덕였다.

신은 나의 숲

옛날에 '비데하'라는 왕국이 있었다. 비데하 왕국의 자나까 왕은 신앙심이 두터운 사람이었다. 항상 제사나 예배에 충실했고, 신을 섬기는 사제들에게는 보시도 많이 했다. 백성들은 그 신앙심에 감탄하면서, 왕이 저렇게 신들을 정성으로 모시니 이 왕국이 태평성대를 이루고 있다고 말하곤 했다. 그러나 비록 신앙심이 깊은 자나까 왕이지만, 마음속에는 신과 인간의 관계에 대해 풀리지 않는 의문을 품고 있었다.

어느 날 왕국의 사제들이 모두 모이는 큰 제사가 열렸다. 왕은 문득 이 많은 사제 가운데 어쩌면 자신이 섬기는 신에 대해서 정말 잘 설명해 줄 수 있는 사제가 있을지도 모른다고 생각했다. 그래서 이 기회에 답답한 마음을 풀 수 있기를 기대하면서, 모든 사제들에게 제안을 했다. 자나까 왕은 이렇게 선언했다.

"이 자리에 계신 사제들께 알리오. 짐은 오늘 훌륭하신 사제님들을 모시고, 신에 대해서 가르침을 얻고자 하오. 신에 대해서 가장 잘 설명할 수 있는 가장 훌륭한 사제께 여기 있는 소 천 마리와 소의 뿔에 걸어 놓은 금화를 모두 선물로 드리겠소. 자, 어느 사제께서 가장 훌륭한 사제인지 나와 주시오."

그런데 전국에서 모여든 나름대로 이름 있는 사제들이었지만, 갑작스런 왕의 제의에 선뜻 나서는 사람은 없었다. 가장 훌륭한 사제라니, 도대체 어느 누가 무엇을 기준으로 그렇게 말할 수 있을 것인가. 많은 사제들이 신에 대해서 자신이 나름대로 설명할 수 있다고 생각했지만, 그렇다고 앞에 나서서 소를 가져가면 교만해 보일 것 같아 망설이고 있었다.

그때 야쟈왈끼야 성자가 앞으로 나서더니, 뒤에 선 제자에게 큰 소리로 말했다.

"사마슈라와야, 이 소들을 가져가자꾸나."

(브리하다란야까 우파니샤드 제3장 2절)

놀란 사제들은 웅성거리기 시작했다. 도대체 저 겸손치 못한 자는 누구인가? 어떻게 스스로 가장 훌륭한 사제라고 자신한단 말인가? 조금 전까지만 해도 감히 나서지 못한 사제들이었지만, 최고의 사제 자리를 자신이 아닌 누군가에게 내주고 싶지는 않았다.

사제들은 자신이 저 사제보다 모자랄 것이 없다고 생각했다. 야자왈끼야 성자가 성큼성큼 걸어 나와 소를 끌고 가려고 하자, 웅성거림은 분노로 바뀌었고, 여기저기에서 아우성이 터졌다.

"어찌 그대가 우리 모두 가운데 가장 뛰어나다고 말하시오?"

(브리하다란야까 우파니샤드 제3장 2절)

야쟈왈끼야는 겸손한 태도로 고개를 숙이며, 자신은 그저 소가 탐나서 나섰을 뿐이라고 말했다. 그러나 그 얼굴에는 미안한 기색이나 소를 탐낸 부끄러움 같은 것은 조금도 없었다. 자존심이 상하고 질투심에 사로잡힌 몇몇 사제들은 아우성을 치며, 야쟈왈끼야를 과연 최고의 성자라 할 수 있는지 직접 시험하겠다고 나섰다.

먼저 샤깔라의 아들 샤깔리야 비다그다가 물었다.

"야쟈왈끼야여, 신은 몇이오?"

"니비드에 비슈웨데바(세계신)로 불린 신은 삼백셋이오. 그리고 삼천셋이오."

(브리하다란야까 우파니샤드 제3장 9편 1절)

니비드는 베다의 부록인데, 각 신들의 이름이 무엇을 의미하는지 풀어 놓은 일종의 해설집이다. 여기에서는 신들을 무수히 열거하면서도 모든 신들을 비슈웨데바(세계신, 일체신)라고 부르기도 했다. 이것은 모든 신들을 한 마디로 '세계신'이라고 부를 수 있다는 것이다. 즉, 신들은 원래 구체적인 대상이 될 수 없는데, 사람들이 편의상 구체적인 이름으로 부르는 것일 뿐이라는 말이다. 그렇다면 신은 몇이라도 될 수 있다. 삼백셋, 혹은 삼천셋도 될 수 있다.

"야쟈왈끼야여, 잘 알고 있구려. 그럼 정확하게 신은 몇인지 아시오?"

"서른셋이오."

"잘 알고 있소이다. 그럼 더 정확하게 신은 몇인지 아시오?"

"여섯이오."

"잘 알고 있소이다. 그럼 더 정확하게 신은 몇인지 아시오?"

"셋이오."

"잘 알고 있소이다. 그럼 더 정확하게 신은 몇인지 아시오?"

"둘이오."

"잘 알고 있소이다. 그럼 더 정확하게 신은 몇인지 아시오?"

"하나 하고 반이오."

"그대는 잘 알고 있소이다. 그럼 더 정확하게 몇인지 아시오?"

"하나요."

"아주 훌륭하오."

(브리하다란야까 우파니샤드 제3장 9편 1절)

야쟈왈끼야는 신이 서른셋이라고 했다가, 다시 여섯이라고 했다가, 셋, 둘, 하나 반, 하나라고 말했다. 아까는 신을 삼백셋, 삼천셋도 된다고 했는데, 이번에는 서른셋, 여섯, 셋, 둘, 하나 반, 하나로 셀 수도 있다는 것이다. 이렇게 고무줄처럼 신의 숫자를 늘였다가 줄였다가 한 것은 숫자가 의미 없음을 꼬집어 말한 것이다. 신은 숫자로 세어 구분하는 것이 아니기 때문이다. 여기까지 야쟈왈끼야가 거침없이 대답하자, 샤깔리야는 더 이상 대답을 할 수 없도록 철저하게 따져 물어야겠다고 결심했다.

"그러면 삼백셋의 신과 삼천셋의 신은 어떠어떠한 신을 말하는 것이오?"

"그 신들은 밖으로 드러난 모습일 뿐이오. 사실 신은 서른셋이오."

"서른셋은 무엇무엇을 말하오?"

"여덟 바수[1]와 열하나의 루드라[2], 그리고 열둘의 아디띠야[3], 이렇게 해서 서른하나, 여기에 인드라와 쁘라쟈빠띠가 있어 서른셋이오."

"바수란 무엇이오?"

"불, 흙, 공기, 대공, 태양, 하늘, 달, 별이 바수요. 바수 안에 이들이 모두 들어 있기 때문이오. 그래서 이들을 모두 바수라 부르지요."

"루드라는 무엇이오?"

"사람의 몸속에 든 열 가지 숨과 마음을 합한 열하나가 루드라지요. 그 숨들이 이 육신을 떠날 때 (다른 사람들을) 울리는 것이 다 열하나(의 루드라)요, 이렇게 울리는 자라 하여 루드라라고 불리지요."

"아디띠야는 무엇이오?"

"한 해 열두 달이 아디띠야지요. 한 달 한 달이 모든 것을 가지고

---

1) 바수는 어떤 자리에 '깃드는 자'라는 의미이며, 베다에서 만물에 깃드는 영혼과 같은 것을 형상화한 것이다. 바수는 어떤 몸에 깃들든 그에 맞게 변형되어 기능이 가능하도록 한다. 따라서 바수는 만물이 살아 있게 하는 자연의 힘이다.
2) 사람을 두려움으로 '울리는 자'라는 뜻으로, 베다에서 자연의 파괴적인 힘을 형상화한 신이다.
3) 태양을 형상화한 신 가운데 하나다. 바루나, 미뜨라, 아리야만, 바가, 닥샤, 앙샤, 수리야, 사위뜨리 등이 모두 태양의 다양한 측면을 형상화한 신들이다. 이들 가운데 아디띠야는 엄격한 자연의 질서를 상징하는 바루나와 동일시되기도 하며, 이 모든 태양 신들을 한꺼번에 가리키기도 한다.

돌기 때문이요, 그들이 모든 것을 가지고 돌기 때문에 아디띠야라고 불리지요."

"인드라는 무엇이오? 또 쁘라쟈빠띠는 무엇인지 아시오?"

"구름이 바로 인드라요, 제례가 쁘라쟈빠띠요."

"구름은 무엇이오?"

"그것은 번개지요."

"제례는 무엇이오?"

"짐승들이지요."

(브리하다란야까 우파니샤드 제3장 9편 2절~6절)

야쟈왈끼야의 말문을 닫게 하려고 신의 숫자대로 무엇무엇인지 일일이 대라고 한 것인데, 이번에도 야쟈왈끼야는 막힘이 없었다. 그는 술술 답을 풀어 놓았다. 삼백셋, 삼천셋이란 그 숫자만큼의 이름들로 그때그때 드러난 것이다. 해는 하나지만, 어둠을 깨고 아침을 알리는 첫 여명, 어둠을 완전히 물리치고 환하게 떠오른 아침 해, 뜨겁게 내리쬐는 한낮의 해, 하루가 저무는 것을 알리는 석양……, 이 모든 해의 모습이 다른 이름으로 불릴 수 있는 것과 같이 그때그때 드러난 자연의 모습은 수도 없이 많다는 것이다.

야쟈왈끼야는 서른셋이란 무엇이냐고 묻자, 세상을 구성하는 모든 것을 숫자로 나누어 설명한다. 불, 흙, 공기, 대공, 태양, 하늘, 달,

별, 그리고 사람 몸을 채우고 있는 들이쉬는 숨이나 내쉬는 숨과 같은 여러 가지 숨을 열 가지로 세고, 그 사람의 마음을 합하며, 그 사람이 살아가는 일 년 열두 달, 구름과 그 속에 든 번개, 제사와 희생 공물로 쓰이는 짐승, 이 모든 것이 신의 다양한 모습이라는 것이다.

샤깔리야는 자신도 답하지 못할 질문에 척척 답하는 야쟈왈끼야 성자에게 점점 고개가 숙여졌다. 하지만 과연 끝까지 야쟈왈끼야 성자가 대답을 해낼 수 있을까? 샤깔리야는 계속 질문했다.

"여섯이라 한 것은 무엇이오?"

"불, 흙, 공기, 대공, 태양, 하늘, 이것이 여섯이요, 수가 여섯이니 여섯으로 불리지요."

"세 신은 누구누구요?"

"세 가지 세상을 말하는 것이오. 모든 신들이 이 세 가지 세계에 있기 때문이지요."

"두 신은 누구요?"

"먹히는 것과 숨이오."

"하나 반은 누구를 말하는 것이오?"

"부는 바람을 말하오."

"부는 바람이라면 하나일 텐데, 어떻게 하나 반이란 말이오?"

"이 바람으로 인하여 모든 것이 그 자신보다 부풀어 커지기 때문에 하나 반이라 한 것이오."

"그럼 하나의 신은 누구요?"
"그것은 숨이오. 숨은 그것[4]이라고 부르는 바로 그 브라흐만이오."

(브리하다란야까 우파니샤드 제3장 9편 7절~9절)

여섯은 무엇이냐고 물으니, 야쟈왈끼야 성자는 '여덟 바수'로 불렀던 것 가운데 앞의 여섯을 세어 대답한다. 여덟 바수를 포함하여 서른셋으로 분류한 것을 줄여서 말하면 이 여섯이 되는데, 이 여섯이 그 서른셋을 모두 포함하기 때문이다. 셋은 천상, 지상, 그리고 그 사이 중간 세상을 말한다. 모든 신들은 이 세 가지 세상에 머물고 있다고 할 수 있기 때문이다.

둘로 줄여서 말한다면 모든 생명이 살아가는 데 가장 필요한 먹이와 숨이라고 할 수 있다. 먹이는 땅에 속한 것이고, 숨은 우주로 통하는 것이다. 또한 바람이 곧 신이라고 할 수 있는데, 이는 바람이 들어가는 자리마다 부풀어 커지기 때문에 하나보다 큰 하나 반이라고 했으며, 하나로 말한다면 모든 생명체의 가장 핵심이 되는 숨이

---

4) 신은 수없이 많은 이름으로 불리지만, 결국 하나로 말한다면 이름을 댈 수 없다. 그래서 베다와 우파니샤드에서는 종종 '그것'으로 지칭한다.

고, 그 숨이 바로 '넓게 퍼져 있는 것', 즉 모든 것의 근원인 브라흐만이라고 한 것이다.

자, 이렇게 해서 신이 몇인가에 대한 우파니샤드의 대답은 당황스럽게도 '오직 하나다.'와 '수없이 많다.' 두 가지가 된다.

이런 대답은 신을 이해하는 인도 특유의 방법을 모르고는 이해할 수 없다. 인도에서는 우주의 순환 법칙이기도 한 자연의 여러 가지 힘에 구체적인 이름을 붙여 신으로 불렀다. 이런 신들은 숫자에 얽매이지 않기 때문에 사람들이 이름을 붙이는 대로 그렇게 불릴 뿐, 사실은 사람들이 구체적으로 파악할 수 없는 대상이라고 한다.

'그것'은 사람과 세상과 우주의 근원 존재, 즉 '브라흐만'이라고 불리는데, 이 또한 구체적인 대상을 가리키는 말이 아니고, '넓게 퍼져 있는 것'이라는 뜻에 불과하다. 그러니까 신은 사람이 이름을 붙여 부를 때는 사람에게 대상이 되기도 하지만, 본래는 대상이 될 수 없는 존재라는 것이다.

신을 끝까지 설명할 수 있는 말은 없다

샤깔리야는 야쟈왈끼야 성자의 훌륭함을 인정하지 않을 수 없었다. 이번에는 가르기라는 여사제가 야쟈왈끼야를 시험하겠노라고 나섰다. 가르기는 야쟈왈끼야에게 신과 신의 근원에 대해서 끝까지

따져 물을 생각이었다. 도대체 자신이 최고라고 자신만만하게 나서
다니, 어디까지 설명할 수 있는지 두고 보자는 심산이었다.

　"야쟈왈끼야여, 만일 이 모든 것이 물로 둘러싸여 있다면 그 물
은 무엇으로 싸여 있겠습니까?"
　"가르기여, 바람으로 싸여 있지요."
　"그럼 바람은 다시 무엇으로 싸여 있습니까?"
　"가르기여, 대공으로 싸여 있지요."
　"그럼 대공은 다시 무엇으로 싸여 있습니까?"
　"가르기여, 간다르와의 세계로 싸여 있지요."
　"그럼 간다르와의 세계는 다시 무엇으로 싸여 있습니까?"
　"가르기여, 태양으로 싸여 있지요."
　"그럼 태양은 다시 무엇으로 싸여 있습니까?"
　"가르기여, 달로 싸여 있지요."
　"그럼 달은 다시 무엇으로 싸여 있습니까?"
　"가르기여, 별로 싸여 있지요."
　"그럼 별은 다시 무엇으로 싸여 있습니까?"
　"가르기여, 신들의 세계로 싸여 있지요."
　"그럼 신들의 세계는 다시 무엇으로 싸여 있습니까?"
　"가르기여, 인드라의 세계로 싸여 있지요."

"그럼 인드라의 세계는 다시 무엇으로 싸여 있습니까?"

"가르기여, 창조주의 세계로 싸여 있지요."

"그럼 창조주의 세계는 다시 무엇으로 싸여 있습니까?"

"가르기여, 브라흐만의 세계로 싸여 있지요."

"그럼 브라흐만의 세계는 다시 무엇으로 싸여 있습니까?"

"가르기여, 그대는 너무 지나친 질문을 하지 마시오. 그대의 머리가 잘려 땅으로 떨어질까 겁이 나오. 그대는 질문할 수 없는 존재에 대해 질문하고 있소. 가르기여, 질문을 너무 지나치게 하지 마시오."

그러자 바짜끄누의 딸 가르기도 입을 다물었다.

(브리하다란야까 우파니샤드 제3장 6편 1절)

가르기는 세상의 근원에 대해 따져 묻기 위해서, '물에서 모든 것이 생겨났다.'는 전제를 꺼내 들었다. 흔히 모든 물질의 근원은 물이라 하니, 그 이상을 어떻게 설명할 것인지 어디 시험해 보자는 것이었다. 자나까 왕 또한 이 질문을 가장 훌륭한 사제에게 묻고 싶었을 것이고, 이 질문에 답하지 못한다면 야쟈왈끼야 성자의 체면은 당장 땅에 떨어질 것이 뻔했다.

그런데 야쟈왈끼야 성자는 망설임 없이 대답했다. 물은 바람에 이리저리 흘러가고, 바람은 대공을 바탕으로 한 것이고, 대공은 간다르와 세계, 간다르와 세계는 태양, 태양은 달, 달은 별, 별은 신들의 세계, 신들의 세계는 인드라의 세계, 인드라의 세계는 창조주의 세계, 창조주의 세계는 브라흐만의 세계를 기반으로 한 것이다. 그럼 브라흐만의 세계는? 야쟈왈끼야는 '넓게 퍼져 있는 것', 즉 브라흐만은 이름이 아니라 그러한 것을 가장 근접하게 표현한 것일 뿐인데, 가르기가 이것을 이름으로 생각하고 그 이상을 따져 묻자 아예 소리를 질러 경고를 했다.

그 이상을 넘어 말할 수 없기에 브라흐만이라 한 것이다. 따라서 그 이상을 말로써 설명하려고 하다가는 천벌을 받을 것이다. 야쟈왈끼야가 머리가 잘려 땅에 떨어질지 모른다고 경고하자, 가르기는 충격으로 얼굴이 화끈거렸다. 가르기는 그 동안 이름난 사제로 쌓아온 명성이 하루아침에 무너지는 느낌이었다. 가르기는 이제 다른 방법으로 도전하기로 했다.

"야쟈왈끼야여, 하늘 위에, 땅 밑에, 그리고 이 둘 사이에 있는 것, 그리고 과거, 현재, 미래라고 불리는 시간들을 둘러싸고 있는 것은 무엇입니까?"

"하늘 위에, 땅 밑에, 그리고 그 둘 사이에 있는 것, 그리고 과거, 현재, 미래로 불리는 시간은 바로 대공이 둘러싸고 있소이다."

"그럼 그 대공은 무엇으로 싸여 있습니까?"

"브라흐만을 아는 자들이 말하길, 변하지 않는 브라흐만이 그 대공을 싸고 있는 것이라 하더이다. 그것은 굵지도 않고, 미세하지도 않고, 짧지도 않고, 길지도 않고, 붉지도 않고, 기름진 것도 아니고, 그림자도 아니고, 어둠도 아니며, 바람도 아니고, 대공도 아니고, 붙여 놓을 수 있는 것도 아니고, 맛도 아니고, 눈도 아니고, 귀도 아니고, 소리도 아니며, 마음도 아니고, 광휘(열기)도 아니고, 생명도 아니고, 입도 아니고, 길이나 무게와 같은 것도 아니고, 안이나 밖이 있는 것도 아니지요. 그것은 아무것도 먹지 않고, 어느 누구에게 먹히는 것이 아니라오.

가르기여, 이 불멸의 존재가 다스림에 해와 달이 그들의 자리를 잡았소. 가르기여, 이 불멸의 존재가 다스림에 하늘과 땅이 그 자리를 잡았소. 가르기여, 이 불멸의 존재가 다스림에 이 불이 그 자리를 잡았소. 가르기여, 이 불멸의 존재가 다스림에 시간이 그 자리를 잡았소. 가르기여, 이 불멸의 존재가 다스림에 낮과 밤, 보름, 한 달, 계절, 한 해의 시간이 자리를 잡았소. 가르기여, 이 불멸의 존재가 다스림에 흰 산(히말라야)에서부터 어떤 강들은 서쪽으로 흐르고 어떤 강들은 남쪽으로 흘러 각기 그 방향이 자리를 잡았소. 가르기여, 이 불멸의 존재가 다스림에 사람은 남에게 베푸는 것을 칭송받고, 신들은 제례 안으로 들어오며, 조상들은 제례에 바치는 제물을 받아 음복한다오.

가르기여, 이 세상에서 이 불멸의 존재를 알지 못한다면, 아그니 신에게 공물을 바치고 제례를 행하며 천 년의 세월을 고행한들 모든 것이 막혀 있는 끝에 다다를 뿐이오. 이 세상에서 이 불멸의 존재를 알지 못하고 떠나는 사람은 비참하오. 그러나 가르기여, 이 불멸의 존재를 알고 이 세상을 떠나는 사람은 그가 곧 브라흐만이라오.

가르기여, 이 불멸의 존재는 보이지 않으나 보는 자요, 들리지 않으나 듣는 자요, 마음속에 생각할 수 없으나 생각하는 자요, 알 수 없으나 아는 자요, 그 외에 보는 자가 있지 않고, 그 외에 듣는 자가 있지 않고, 그 외에 생각하는 자가 있지 않고, 그 외에 아는 자가 있지 않소. 가르기여, 이 불멸의 존재가 이 대공을 둘러싸고 있는 것이오."

(브리하다란야까 우파니샤드 제3장 8편 6절~11절)

끝까지 따져 물을 생각이었던 가르기는 오히려 자신이 질문의 끝에 다다르고 있음을 느꼈다. 야쟈왈끼야 성자의 대답이 막힌 것이 아니라 가르기의 질문이 막혔다. 가르기는 야쟈왈끼야 성자가 보이지 않고 들을 수도 없는 신을 어떻게 설명하는지 두고 보리라 생각했지만, 야쟈왈끼야는 너무도 쉽게 설명했다. 가르기는 어느새 스승 앞에 앉은 제자처럼 지혜의 빛에 둘러싸인 채 고개를 끄덕이고 있었다. 이

제 더 이상 따져 물을 힘도 계산도 남아 있지 않았다. 안개에 싸인 듯 무어라 말하기 어려운 신을 설명하는 야쟈왈끼야의 한 마디 한 마디는 나름대로 지식이 있다고 자부했던 가르기에게도 큰 가르침이 되었다. 야쟈왈끼야는 과연 누구보다도 훌륭한 최고의 사제였다.

이번에는 웃달라까라는 사제가 나섰다. 이름 있는 사제들이 줄줄이 고개를 숙이는 것을 보고, 학식이 뛰어난 웃달라까는 야쟈왈끼야라는 성자의 교만이 천벌을 부를 것이라고 생각했다. 웃달라까는 야쟈왈끼야 성자가 신의 수나 설명할 수 없는 신을 훌륭하게 설명하는 것을 듣기는 했지만, 자신이 간다르와에게서 직접 가르침을 받은 '모든 세상들과 생물들을 잇는 끈'과 '안에서 움직이게 하는 자'에 대해서는 아무도 알 수가 없을 것이라 생각했다. 자신이 아닌 누군가를 최고의 사제로 인정하고 싶지 않았던 웃달라까는 큰 소리로 야쟈왈끼야 성자에게 물었다.

"야쟈왈끼야여, 그대는 이세상과 저세상, 그리고 모든 생물들을 하나로 묶는 끈이 무엇인지 아시오? 그리고 이세상과 저세상, 그리고 모든 생물들을 그 안에서 움직이게 하는 자에 대해서 아시오? 그대가 그 끈과 안에서 움직이게 하는 자를 모르고, 브라흐만을 아는 자만이 가져갈 수 있는 소에 손을 댔다면 그대 머리가 잘려 떨어질 것이오."

"바람이 그 끈이오. 바람이 이세상과 저세상과 모든 생물들을 하나로 묶기 때문이오. 사람이 죽었을 때 사람들은 이제 그의 팔다리가 풀어졌다고 하지 않소? 그것은 사람이 살아 있을 때 그 팔다리와 모든 것(감각)이 그 끈으로 묶여 있었기 때문에 그렇게 말하는 것이오."

"야쟈왈끼야여, 그대 말씀이 옳소. 그럼 이제 '안에서 움직이게 하는 자'에 대해서 말해 보시오."

"땅에 머물면서 땅속에 들어 있는 자, 그를 땅은 알지 못한다오. 땅은 그 존재의 육신이오. 그가 땅속에서 땅이 땅의 구실을 하게 한다오. 그가 불멸의 '안에서 움직이게 하는 자' 아뜨만이오.
물에 머물면서 물속에 들어 있는 자, 그를 물은 알지 못한다오. 물은 그 존재의 육신이오. 그가 물속에서 물이 물의 구실을 하게 한다오. 그가 불멸의 '안에서 움직이게 하는 자' 아뜨만이오.
불에 머물면서 불 속에 들어 있는 자, 그를 불은 알지 못한다오. 불은 그 존재의 육신이오. 그가 불 속에서 불이 불의 구실을 하게 한다오. 그가 불멸의 '안에서 움직이게 하는 자' 아뜨만이오.
바람에 머물면서 바람 속에 들어 있는 자, 그를 바람은 알지 못한다오. 바람은 그 존재의 육신이오. 그가 바람 속에서 바람이 바람의 구실을 하게 한다오. 그가 불멸의 '안에서 움직이게 하는 자' 아뜨만이오.

천상에 머물면서 천상 속에 들어 있는 자, 그를 천상은 알지 못한다오. 천상은 그 존재의 육신이오. 그가 천상 속에서 천상이 천상의 구실을 하게 한다오. 그가 불멸의 '안에서 움직이게 하는 자' 아뜨만이오.

태양에 머물면서 태양 속에 들어 있는 자, 그를 태양은 알지 못한다오. 태양은 그 존재의 육신이오. 그가 태양 속에서 태양이 태양의 구실을 하게 한다오. 그가 불멸의 '안에서 움직이게 하는 자' 아뜨만이오.

모든 방향에 머물면서 방향 속에 들어 있는 자, 그를 방향은 알지 못한다오. 방향은 그 존재의 육신이오. 그가 방향 속에서 방향이 방향의 구실을 하게 한다오. 그가 불멸의 '안에서 움직이게 하는 자' 아뜨만이오.

달과 별에 머물면서 달과 별 속에 들어 있는 자, 그를 달과 별은 알지 못한다오. 달과 별은 그 존재의 육신이오. 그가 달과 별 속에서 달과 별이 달과 별의 구실을 하게 한다오. 그가 불멸의 '안에서 움직이게 하는 자' 아뜨만이오.

대공에 머물면서 대공 속에 들어 있는 자, 그를 대공은 알지 못한다오. 대공은 그 존재의 육신이오. 그가 대공 속에서 대공이 대공의 구실을 하게 한다오. 그가 불멸의 '안에서 움직이게 하는 자' 아뜨만이오.

어둠에 머물면서 어둠 속에 들어 있는 자, 그를 어둠은 알지 못한다오. 어둠은 그 존재의 육신이오. 그가 어둠 속에서 어둠이 어둠의 구실을 하게 한다오. 그가 불멸의 '안에서 움직이게 하는 자' 아뜨만이오.

밝음에 머물면서 밝음 속에 들어 있는 자, 그를 밝음은 알지 못한다오. 밝음은 그 존재의 육신이오. 그가 밝음 속에서 밝음이 밝음의 구실을 하게 한다오. 그가 불멸의 '안에서 움직이게 하는 자' 아뜨만이오.

모든 생물에 머물면서 생물 속에 들어 있는 자, 그를 생물은 알지 못한다오. 생물은 그 존재의 육신이오. 그가 생물 속에서 생물이 생물의 구실을 하게 한다오. 그가 불멸의 '안에서 움직이게 하는 자' 아뜨만이오.

코에 머물면서 콧속에 들어 있는 자, 그를 코는 알지 못한다오. 코는 그 존재의 육신이오. 그가 콧속에서 코가 코의 구실을 하게 한다오. 그가 불멸의 '안에서 움직이게 하는 자' 아뜨만이오.

목소리에 머물면서 목소리 속에 들어 있는 자, 그를 목소리는 알지 못한다오. 목소리는 그 존재의 육신이오. 그가 목소리 속에서 목소리가 목소리의 구실을 하게 한다오. 그가 불멸의 '안에서 움직이게 하는 자' 아뜨만이오.

눈에 머물면서 눈 속에 들어 있는 자, 그를 눈은 알지 못한다오. 눈은 그 존재의 육신이오. 그가 눈 속에서 눈이 눈의 구실을 하게 한다오. 그가 불멸의 '안에서 움직이게 하는 자' 아뜨만이오.

귀에 머물면서 귓속에 들어 있는 자, 그를 귀는 알지 못한다오. 귀는 그 존재의 육신이오. 그가 귓속에서 귀가 귀의 구실을 하게 한다오. 그가 불멸의 '안에서 움직이게 하는 자' 아뜨만이오.

마음에 머물면서 마음속에 들어 있는 자, 그를 마음은 알지 못한다오. 마음은 그 존재의 육신이오. 그가 마음속에서 마음이 마음의 구실을 하게 한다오. 그가 불멸의 '안에서 움직이게 하는 자' 아뜨만이오.

피부에 머물면서 피부 속에 들어 있는 자, 그를 피부는 알지 못한다오. 피부는 그 존재의 육신이오. 그가 피부 속에서 피부가 피부의 구실을 하게 한다오. 그가 불멸의 '안에서 움직이게 하는 자' 아뜨만이오.

지성(知性)에 머물면서 지성 속에 들어 있는 자, 그를 지성은 알지 못한다오. 지성은 그 존재의 육신이오. 그가 지성 속에서 지성이 지성의 구실을 하게 한다오. 그가 불멸의 '안에서 움직이게 하는 자' 아뜨만이오.

성기(性器)에 머물면서 성기 속에 들어 있는 자, 그를 성기는 알지

못한다오. 성기는 그 존재의 육신이오. 그가 성기 속에서 성기가
성기의 구실을 하게 한다오. 그가 불멸의 '안에서 움직이게 하는
자' 아뜨만이오."

(브리하다란야까 우파니샤드 제3장 7편)

역시 이번에도 야쟈왈끼야 성자는 답할 수 없을 것 같은 문제에
대해서 술술 답을 내었다. 신은 세상을 하나로 묶고 있는 바람과 같
은 것, 사람의 몸을 묶고 있는 숨과 같은 것이라고 설명한 것이다.
또한 신은 우리가 사는 세상 속에 있지만 우리가 신을 알아채지 못
하고, 자기 자신 속에 머물러 있지만 자신이 알아채지 못할 뿐이다.
신은 모든 것의 안에서 조용히 움직이게 하는 힘이다. 이러한 신이
세상에 머물 때 브라흐만으로 불리고, 자신 속에 머물 때 아뜨만이
라고 불린다.

야쟈왈끼야의 거침없는 답변을 듣고 웃달라까도 입을 다물 수밖
에 없었다. 이제 어느 누구도 나서서 야쟈왈끼야 성자를 시험하려고
하지 못했다. 시험을 통해 최고의 사제임을 보여 준 야쟈왈끼야는
다만 소에 욕심이 나서 나섰을 뿐이라고 겸손해 하면서 소를 끌고
사라졌다.

어떻게 설명하든 여전히 알 수 없는 신에 대한 그 많은 궁금증에
대해서 우파니샤드는 결국 '넓게 퍼져 있는 자(브라흐만)'로 이해하라

고 권한다. 하나의 제안이다.

왜, 어디서부터, 무엇이 움직여서 세상이 창조되었을까? 인도에서는 우주에서 창조, 유지, 파괴의 과정이 순환하며 일어난다고 생각했다. 사람들은 이 모든 일이 보이지 않는 어떤 힘에 의해서 일어난다고 생각했고, 거기에 신의 이름을 붙이기도 했다. 우주를 만든 것도 신이고, 모든 생물이 살아갈 수 있게 한 것도 신이고, 때가 되면 세상을 멸망시켜 다시 새로운 우주를 만드는 것도 신이 하는 일이라고 믿은 것이다. 창조의 신, 유지의 신, 파괴의 신이 그 신들이었다. 또한 이 세 신뿐만 아니라 비, 바람, 불, 물, 계절, 나무 등 자연의 모든 다양한 힘을 나타내는 것들, 그리고 영웅들까지 갖가지 이름을 붙여 신으로 숭배했다.

그렇다면 신이란 어떤 존재일까? 종교에 따라 다른 이름의 신들이 있는데, 정말 서로 다른 신들일까? 신에게 등급 같은 것이 있을까? 어떤 신은 신이고, 어떤 신은 정령, 귀신, 혹은 우상일까? 신은 어디에 있는 것일까? 신은 정말 사람이 하는 일을 지켜보고 있을까? 사람이 신에게 기도를 하면 신은 정말 그 기도를 들어주시는 것일까? 우리는 신을 직접 눈으로 볼 수 없기 때문에 신에 관한 궁금증은 끝도 없다.

인도에서는 신의 개념이 풍부한 만큼 신을 이해하는 방법도 다양하고 변화도 많았다. 흔히 종교에서 말하는 일신관(一神觀), 다신관

(多神觀), 범재신관(梵在神觀) 같은 것들이 인도에서는 모두 나타났고, 우파니샤드에서 완성된 신을 이해하는 방법은 이 모든 것의 종합 세트와도 같다. 유일한 실재인 근원 존재(브라흐만)만이 진정한 신이라고 하므로 일신관이고, 본래 아무런 속성이 없는 근원 존재를, 아바타에 갖가지 옷을 입히듯 다양한 신의 옷을 입히고 그 모두를 신으로 부르기 때문에 다신관이며, 근원 존재가 만물 하나하나에 존재하므로 신이 어디에나 있다고 하기 때문에 범재신관이다.

이 모든 신관의 핵심은 신이라고 하기에는 아무런 특징도 없는 유일한 근원 존재 브라흐만에서 나온 것이다. 따라서 일원론(一元論, Monism)이라고도 부른다. 우파니샤드에서 신은 '넓게 퍼져 있는 자', 즉 브라흐만이며 동시에 브라흐만에서 비롯된 수많은 밖으로 드러난 이미지다. 그래서 신은 수없이 많다고도 하고, 하나라고도 하는 것이다.

8

가까이 그리고 멀리에서

꿈속에서 그는 높고 낮은 것을 모두 취하며 그 스스로 여러 가지 모습을 취하
노라. 그리하여 마치 여자들과 함께 즐기고 있는 듯 웃고 있는 듯 두려움에 떠
는 듯 보일 뿐이로다.

8. 가까이 그리고 멀리에서

우샤스띠 성자는 너무 가난해서 끼니를 잇기 어려운 브라만으로, 양식이 얼마나 중요한가를 매일 느끼면서 산다. 어느 날 왕이 제사를 지내자 그는 제사장으로 달려가, 타성에 젖어 생각 없이 신을 찬양하는 제례관들에게 신을 알지도 못하면서 찬양을 하면 천벌을 받으리라고 공언한다. 우샤스띠 성자는 사람은 가까이 그리고 멀리에서 나의 존재를 가능하게 해 주는 것들로 말미암아 살아간다는 사실을 깨닫는 것이야말로 신을 기억하는 것이라고 가르쳐 준다.

야쟈왈끼야 성자도 자나까 왕에게 가까이 그리고 멀리에서 사람에게 작용하는 힘에 대해서 말한다. 어느 날 왕이 성자에게 "사람에게 빛이 되는 것은 무엇입니까?"라고 질문을 한다. 야쟈왈끼야 성자는 태양, 달, 불이 빛이지만 빛이 없을 때는 소리가, 소리조차 없을 때는 자기 자신, 즉 아뜨만이 바로 빛이라고 말한다. 밖에서 비추는 빛처럼 아뜨만은 안에서 자기를 비춰 주는 빛이라는 것이다.

양식은 가장 가까이에서 가장 멀리까지 갈 수 있는 통로

옛날에 '꾸루'라는 왕국이 있었다. 유난히도 가뭄이 오래가더니, 갑자기 불어닥친 비바람에 그나마 어렵게 농사지은 밭까지 완전히 엉망이 되었고, 수확할 곡식이라곤 한 톨도 남지 않았다. 백성들은 하루하루 먹고 사는 것이 큰 걱정거리였다. 곡식 창고가 비어 있지 않

156

은 사람들마저 장차 식량 걱정에 한숨을 쉬고 있었으니, 가난한 사람들은 말할 것도 없었다. 매일 한 끼라도 먹을 수 있으면 다행이라고 여겨야 할 정도였다. 굶는 것이 아예 일상이 되어버린 사람들은 아무런 희망도 없는 듯 멍한 눈으로 앉아 움직이지도 않고 있었다.

가난한 브라만 성자인 우샤스띠도 아내와 함께 며칠을 굶으며 하루하루를 버티고 있었다. 우샤스띠 성자는 이대로는 안 되겠다 싶어 힘든 몸을 일으켜 무엇이든 먹을 것을 구하기 위해 집을 나섰다. 그가 코끼리 사육장을 지나는데, 저 앞에서 코끼리 사육사가 콩으로 식사를 하고 있는 것이 보였다. 우샤스띠 성자는 어디에서든 사람들에게 시주를 받을 수 있는 브라만이었기 때문에 망설일 것 없이 사육사에게 다가가 먹을 것을 좀 달라고 청했다.

"어험, 나에게 양식을 나누어 주시겠소?"

그랬더니, 코끼리 사육사는 아주 미안해하면서 고개를 흔들었다.

"제가 먹고 있는 콩 말고는 더 이상 갖고 있는 것이 없습니다. 저도 그나마 있던 것을 모두 털어 그릇에 담아 먹고 있습니다."

먹던 음식, 다른 사람이 손 댄 음식은 절대 먹지 않는 것이 브라만의 관례지만, 지금은 그런 것을 가릴 때가 아니었다.

"그럼 그 먹던 것이라도 좀 주시오."

코끼리 사육사는 당황하고 걱정스러운 표정으로 말했다.

"브라만께 먹던 음식을 시주하면 죄가 되는 것이 아닐런지요."

그러고는 할 수 없다는 듯, 자기가 손 댔던 콩을 우샤스띠 성자에게 주었다. 그러면서 미안한 마음에 물도 내밀었다.

"사제님, 이 물도 좀 드시죠."

그랬더니 우샤스띠는 갑자기 정색을 했다.

"아니오. 이 물은 마시던 것이니 마시지 않겠소."

코끼리 사육사는 물을 거절한 우샤스띠 성자를 이해할 수 없었다. 콩도 먹던 것인데, 콩은 기어코 달라면서 물은 마시던 것이라 마시지 않겠다니. 우샤스띠 성자는 코끼리 사육사에게 말했다.

"콩은 지금 먹지 않으면 내가 굶어 죽을 테니 어쩔 수 없이 먹지만, 물은 내 의지에 따라 마실 수도 마시지 않을 수도 있기 때문이오."

코끼리 사육사는 알 듯 말 듯한 우샤스띠 성자의 말을 확실히 이해하지는 못했다. 그는 우샤스띠 성자에게 고개를 숙이고, 뒤로 돌아 성자의 말을 따라 중얼거리며 걸어갔다. 우샤스띠 성자는 코끼리 사육사의 뒷모습을 보면서, 생명을 이어 주는 양식이 얼마나 중요한지를 사람들이 잊고 있다고 생각하고 일깨워 주기로 결심했다.

우샤스띠는 다음날 아침 일찍 잠에서 깨자마자, 왕이 제사를 지내고 있는 장소로 갔다. 제사장에는 왕과 왕비를 비롯해서, 베다의 규정에 따라 신에게 바치는 찬양을 준비하는 제관 쁘라스또따, 우드가따, 쁘라띠하르따가 있었다. 제사에서 찬양을 담당하는 제관은 세 명으로 구성된다. 신에 대한 직접적인 찬양 전에 서문을 여는 역할을 하는 제관 쁘라스또따, 찬양의 본문인 신에 대한 찬양을 하는 제관 우드가따, 그리고 찬양을 마무리하는 제관 쁘라띠하르따가 그 셋이다. 우샤스띠는 제사장으로 들어가 성큼성큼 제관들 앞으로 가 앉더니 큰 소리로 말했다.

"쁘라스또따여, 지금 그대가 찬송하려고 하는 그 신들에 대해 알지 못하고 건성으로 찬양한다면 당장 그대의 목이 떨어질 테니 조심하시오."

"우드가따여, 그대가 바치는 찬양의 주인, 그 신을 알지 못하고 건성으로 찬양한다면 당장 그대의 목이 떨어질 것이오."

"쁘라띠하르따여, 그대가 바치는 찬양의 주인, 그 신을 알지 못하고 건성으로 찬양한다면 당장 그대의 목이 떨어질 것이오."

(찬도기야 우파니샤드 제1장 10편 9절~11절)

그러자 사람들의 시선이 모두 우샤스띠 쪽으로 쏠렸다. 제사장 분위기는 물을 끼얹은 듯 조용해졌다. 그리고 쁘라스또따, 우드가따, 쁘라띠하르따 제관들도 목이 떨어진다는 천벌에 대한 공포로 입을 다물었다. 제관들은 각자 스승들에게 언제나 깊이 생각하고 진정으로 중요한 것이 무엇인지를 스스로 생각해야 한다고 배웠고, 지금은 자신들이 스승으로서 그렇게 가르치기도 했기 때문이다.

더욱이 제사를 지내면서 어떤 신에게 제사를 지내는가에 대해 생각하지 않는다면, 그것은 천벌을 받아도 마땅한 일임에 틀림없었다. 하지만 그것은 결코 쉬운 일이 아니었기 때문에, 자신도 모르게 타성에 젖어서 잊고 지내 왔음을 새삼 인정할 수밖에 없었다. 제관들은 예전 스승들의 말씀을 떠올렸다.

> 우리가 알아야 할 것은 목소리가 아니라,
> 목소리를 내게 하는 자다.
> 우리가 알아야 할 것은 냄새가 아니라, 냄새를 맡게 하는 자다.
> 우리가 알아야 할 것은 형태가 아니라, 형태를 보게 하는 자다.
> 우리가 알아야 할 것은 소리가 아니라, 소리를 내게 하는 자다.
> 우리가 알아야 할 것은 맛이 아니라, 맛을 알게 하는 자다.
> 우리가 알아야 할 것은 행위가 아니라, 행위를 하게 하는 자다.
> 우리가 알아야 할 것은 기쁨과 고통이 아니라,
> 기쁨과 고통을 느끼게 하는 자다.
> 우리가 알아야 할 것은 환희와 즐거움, 생식력이 아니라,
> 환희와 즐거움, 생식력을 갖게 하는 자다.
> 우리가 알아야 할 것은 움직임이 아니라, 움직이게 하는 자다.

우리가 알아야 할 것은 마음이 아니라, 생각하게 하는 자다.

(까우쉬따끼 우파니샤드 제3장 8절)

"성자님, 이 제례를 성공적으로 지낼 수 있도록 성자님께서 대표 제관을 맡아 주신다면 기꺼이 충분한 사례를 해 드리겠습니다. 부디 여기 제관들을 잘 이끌어 주십시오."

왕은 제관들에게 동의를 구하고 정중하게 우샤스띠에게 말했다. 이에 우샤스띠 성자는 기다렸다는 듯 말했다.

"좋소, 그렇게 하지요. 반드시 사례를 충분히 하시기 바라오."

쁘라스또따, 우드가따, 쁘라띠하르따는 자신들이 찬양하는 그 신에 대해서 우샤스띠 성자에게 물어보았다.

"저희들에게 그 신을 알지 못하고 찬양하는 자는 그 목이 떨어질 것이라고 말씀하셨는데, 그 신은 누구입니까?"

"쁘라스또따가 찬양하는 그 신은 숨을 말하는 것이오. 왜냐하면 세상의 모든 생명체는 최종 순간에 숨 속으로 사라지고 다시 숨에서 탄생하기 때문이오. 그러므로 이 숨이 그대의 신을 부르는 찬양의 대상이 되는 신이지요. 만일 그대가 그를 알지 못하고 찬양을 하면, 내가 단언하건대 정녕 목이 떨어질 것이오.

우드가따가 찬양하는 그 신이란 태양을 말하는 것이오. 왜냐하면 이 모든 생명체가 저 위에 빛나는 태양을 찬양하기 때문이오. 그 태양이 그대가 찬양하는 신이오. 만일 그를 알지 못하고 찬양한다면, 내가 단언하건대 정녕 그대의 목이 떨어지고 말 것이오.

쁘라띠하르따가 찬양하는 그 신이란 양식을 말하는 것이오. 왜냐하면 모든 생명체는 양식을 모아 먹음으로써 몸을 유지하며 살기 때문이오. 이 양식이 그대가 찬양하는 신이오. 만일 그 신을 알지 못하고 찬양한다면, 내가 단언하건대 정녕 그대의 목은 떨어지고 말 거요.″

(찬도기야 우파니샤드 제1장 11편 4절~9절)

우샤스띠는 쁘라스또따에게, 찬양을 시작하는 것이기 때문에 온 세상의 생명이 시작되는 힘인 숨을 기억해야 한다고 말했다. 또 우드가따는 본격적인 찬양을 하기 때문에 온 세상의 생명이 살아가는 원동력이 되는 태양을 기억해야 하고, 쁘라띠하르따는 찬양을 마무리하기 때문에 온 세상의 생명이 양식을 취할 수 있는 마지막 순간까지 취한다는 것을 기억해야 한다고 말했다. 이처럼 우샤스띠는 이들에게 각각 숨, 태양, 양식이 바로 그들이 찬양하는 신이라고 말했다.

그렇다면 우샤스띠 성자가 말한 숨, 태양, 양식은 무엇을 의미하는 것일까? 생명에 가장 직접적으로, 그리고 마지막 순간까지 작용하는 에너지는 바로 양식에서 나오기 때문에 양식이 사람에게 가장 중요한 에너지원이다. 이 양식이 사람에게 작용하는 원리, 그것은 사람이 세상에서 혼자 살 수 있는 독립적 존재가 아니라는 것이다.

사람은 누구나 다른 세상의 존재들과 밀접하게 관계를 맺으며 살아간다. 즉, 사람은 혼자가 아니라, 가까이 그리고 멀리에서 나의 존재를 가능하게 해 주는 것들로 말미암아 살아가는 것이다. 이것은 앵무새처럼 신을 찬양하면서 자신들의 찬양이 어떤 의미를 가지고 있는지 알지 못한다면, 그 찬양에서 불리는 신들의 이름이 거짓되고 헛되게 되기 때문에 제사가 아니라 신들을 모욕하는 것임을 지적한 것이다.

특히 양식은 생명체의 몸을 유지해 주는 중요한 구실을 하기 때문에 신을 알 수 있는 통로가 된다. 우리 몸을 구성하는 겹겹의 껍질, 양파 속과 같은 그 껍질들을 우파니샤드는 이렇게 설명한다.

> 우리 몸 안에는 양식으로 된 쌈지, 숨으로 된 쌈지, 마음으로 된 쌈지, 지혜로 된 쌈지, 그리고 환희로 된 쌈지가 있다.
>
> (빠잉갈라 우파니샤드 제2장 5절)

우리 몸의 가장 크고 가장 단단한 겉껍질은 양식으로 만들어졌다. 영양분이 가득한 땅이 곡식을 키워 주면, 사람은 그것을 먹고 몸을 키운다. 몸이 있어야 숨을 쉬는 생명체가 된다. 숨을 쉬는 생명체라야 마음을 가질 수 있다. 마음이 있어야 희고 검은 것을 가릴 줄 아는 분별력, 다시 말해서 지혜를 가진다. 지혜를 가진 자라야 참된 자기 모습을 아는 진정한 기쁨, 환희를 느낄 수 있다. 그러니까 환희를 맛보는 사람의 시작은 땅과 양식이 키워 준 몸뚱이다. 몸뚱이는 가장 가까운 나이고, 내 안의 나를 탐구하기 위한 출발점, 또는 통로이기 때문이다.

> 양식, 숨, 눈, 귀, 마음, 그리고 목소리, 이들이 모두 브라흐만을 알 수 있는 통로다.
>
> (따이띠리야 우파니샤드 제3장 1편 1절)

양식으로 몸뚱이를 유지하는 것은 생명체의 기본적인 의무이고 반드시 필요한 욕구다. 양식은 몸뚱이에서 시작하여 가장 멀리 있는 모든 존재의 근원에 대한 정보까지 제공한다. 가장 멀리 있는 듯한 존재의 근원이 바로 양식의 근원이고, 나의 근원이기 때문이다. 그래서 양식은 소중한 것이다. 생명을 유지해 주는 양식은 양식 이상의 것이다. 생명체들에게 양식은 생명 에너지이자, 실질적인 원동력이다. 양식은 가장 먼저, 가장 가까이에서 나를 살아가게 해 주고, 나를 확인하게 해 준다.

가까이 있는 빛, 멀리 있는 빛

우샤스띠 성자처럼 가까이에서 그리고 멀리서 사람에게 작용하는 힘이 곧 신이라고 말한 또 다른 사람은 야쟈왈끼야 성자였다.

비데하 왕국의 왕 자나까는 늘 삶과 죽음, 신과 인간의 문제에 대해 생각하는 속이 깊은 사람이었다. 그는 야쟈왈끼야 성자가 그 많은 이름난 학자들에게 브라흐만에 대해서 설명하는 것을 지켜보고 속으로 크게 감탄하여, 언젠가는 묻고 싶은 것을 다 물어봐야겠다고 생각했다. 야쟈왈끼야 성자는 지난번 다른 사제들과의 문답에서 봤듯, 지금까지 자신이 만나 본 어느 학자보다도 말로 설명하기 어려운 문제를 술술 풀어낸 사람이었기 때문이다.

드디어 어느 날, 자나까 왕은 야쟈왈끼야 성자와 마주하고 앉아 꽉 막힌 듯 도대체 풀 수 없었던 마음속 질문들을 내놓기 시작했다. 그것은 사람이 과연 무엇으로 사는가에 대한 것이었다.

"야쟈왈끼야여, (사람에게) 빛은 무엇입니까?"

"왕이여, 태양의 빛입니다. 태양의 빛으로 말미암아 사람이 앉고, 걸어 나가고, 행위를 하고, 돌아 들어오는 것입니다."

"야쟈왈끼야여, 태양이 지고 나면 사람에게 빛이 되는 것은 무엇입니까?"

"달이지요. 달빛을 통해 사람이 앉고, 걸어 나가고, 행위를 하고, 돌아 들어오는 것입니다."

"야쟈왈끼야여, 그럼 태양과 달이 모두 지고 나면 사람에게 빛이 되는 것은 무엇입니까?"
"아그니(불)지요. 아그니를 통해 사람이 앉고, 걸어 나가고, 행위를 하고, 돌아 들어오는 것입니다."

"야쟈왈끼야여, 그럼 태양과 달이 모두 지고 불도 꺼졌을 때 사람에게 빛이 되는 것은 무엇입니까?"
"소리지요. 소리를 통해 사람이 앉고, 걸어 나가고, 행위를 하고, 돌아 들어오는 것입니다."

"야쟈왈끼야여, 태양과 달이 모두 지고 불도 꺼지고 소리마저 없어졌을 때 사람에게 빛이 되는 것은 무엇입니까?"
"아뜨만이지요. 아뜨만을 통해 사람이 앉고, 걸어 나가고, 행위를 하고, 돌아 들어오는 것입니다."

"아뜨만이 무엇입니까?"
"(아뜨만은) 지성으로 되어 있는 몸 안에 든 감각 가운데 최고의 빛이며, 심장 안에 있는 빛입니다. 그것은 (무엇에든) 동화되어서 세상 사이를 다니고 마치 정말 생각하는 것처럼, 노니는 것처럼 합니다. 그것은 꿈이 되어 죽음의 형상과도 같은 이세상을 넘어섭니다."

(브리하다란야까 우파니샤드 제4장 3편 2절~7절)

빛은 우리가 움직이고 살아가는 데 무엇보다 중요하다. 빛이 없다면 어둠 속에서 앞을 분간할 수 없고, 위치를 파악할 수 없고, 방향도 잃을 것이기 때문이다. 우리는 낮에는 해, 밤에는 달, 비상시에는 불을 밝혀 앞을 분간하고, 위치를 파악하고, 방향도 알 수 있다.

그런데 불을 밝힐 수 없다면? 그때는 빛을 대신하여 소리를 주의 깊게 듣고 앞을 분간하고, 위치를 파악하고, 방향을 알려고 할 수밖에 없다. 하지만 소리마저 없다면 어떨까? 야쟈왈끼야는 자신의 안에는 자신의 참모습인 아뜨만이 있고, 아뜨만에 의지하여 느낌과 영감을 얻는다고 말한다. 가장 가까이 내 안에서 내가 움직이고 살아가는 데 빛처럼 작용하는 것이 바로 나의 참모습이다. 참모습은 빛이 없으면 움직이지 못하는 몸뚱이인 나와는 달리, 스스로 보고 움직일 수 있는 자유로운 존재이기 때문이다. 야쟈왈끼야 성자는 이 참모습이 구체적으로 무엇을 어떻게 하는지에 대해서 자나까 왕에게 설명해 주어야겠다고 생각했다.

"이 참모습은 모든 생명체 안에 머물러 있습니다. 그리고 생명체에 깃들 때 '몸에 들어와 누운 자'라는 뜻에서 뿌루샤라고 합니다."

"뿌루샤에 대해 말씀해 주십시오. 그 뿌루샤가 자신 안의 빛이라는 말씀입니까?"

"그 뿌루샤의 자리는 둘이니, 이세상과 저세상입니다. 그리고 그 사이에 그의 세 번째 자리, 꿈이 있습니다. 그가 그 중간 지점에 머물면서 두 세상을, 이세상과 저세상을 모두 보는 것이지요. 이세상에서 저세상을 위해 쌓은 지혜와 업에 의지하면서 죄악도 희열도 보는 것입니다. 그가 꿈꾸는 것은 그의 모든 세상(의 영상)을 가져다가 자신의 본모습을 잊고, 다시 자신이 만들어 내어 그 자신의 밝음으로, 그 자신의 빛으로 그것을 보는 것이지요. 그곳에서 스스로 빛이 되기도 하는 것입니다.

거기에는 마차도 없고, 마차에 끈을 맨 짐승도 없고, 그 마차가 가는 길도 없지요. 그러나 그는 스스로 마차와 짐승과 길을 만들어 냅니다. 거기에는 희열도, 기쁨도, 즐거움도 없지만, 그가 희열과 기쁨과 즐거움을 만들어 냅니다. 거기에는 물웅덩이도 없고 연못도 없고 강도 없지만, 그가 물웅덩이와 연못과 강을 만들어 냅니다. 그러니 그는 '만들어 내는 자'이지요.

꿈속에서 그는 높고 낮은 것을 모두 취하며

그 스스로 여러 가지 모습을 취하노라.

그리하여 마치 여자들과 함께 즐기고 있는 듯

웃고 있는 듯

두려움에 떠는 듯 보일 뿐이로다.

마치 큰 물고기가 이쪽저쪽 두 군데 모두를 자유롭게 다니듯이, 이 뿌루샤도 또한 꿈속과 깨어 있는 세상을 자유롭게 다닙니다.

마치 매나 다른 새가 하늘을 날아다니다가 지치면 그 날개를 곧게 펴서 자기 둥지로 향해 가는 것처럼, 이 뿌루샤도 (그 두 세계에서 다니다가) 지치면 아무런 원함도 없고, 아무런 꿈도 없는 깊은 숙면 속으로 갑니다."

(브리하다란야까 우파니샤드 제4장 3편 9절~19절)

생명체의 몸 안에 누워 있기 때문에 뿌루샤는 몸 안에서 어디든 다닌다. 사람의 생각, 마음, 꿈이 모든 곳을 다닐 수 있는 것은 바로 뿌루샤가 그렇게 어디든 다니기 때문이다. 아뜨만이나 브라흐만이 이름이 아닌 것처럼, 뿌루샤도 이름이 아니다. 자기 자신이라는 뜻에서 '아뜨만'이라고 하고, 넓게 퍼져 있다는 뜻에서 '브라흐만'이라고 하고, 몸 안에 누워 있다고 해서 '뿌루샤'라고 하지만, 그 무엇으로 부르든 사실 이것은 하나다.

마음으로 어디든 가고 무엇이든 볼 수 있는 것처럼, 뿌루샤는 이세상, 저세상, 그리고 그 사이에 있는 꿈의 세상을 옮겨 다니며 여행을 한다. 우리가 꿈에서 마차도 보고, 말도 보고, 길도 보는 것은 내 안의 뿌루샤가 아무런 빛이 없어도 모든 것을 할 수 있다는 증거다. 게다가 뿌루샤가 꿈에서 만드는 것은 한 가지가 아니고 여러 가지다.

그럼에도 불구하고 뿌루샤는 그 가운데 어떤 모습에도 얽매이지 않는다. 그것들은 모두 만들어 낸 이미지에 불과하며, 뿌루샤는 그것들이 만들어진 이미지라는 것을 잘 알기 때문이다. 잠시 여자가 되었다가 남자가 될 수도 있고, 겁쟁이가 될 수도 영웅이 될 수도 있다. 자유롭게 꿈이든 세상이든 돌아다니는 이 뿌루샤는 다만 쉬고 싶을 때, 아무런 모습이나 움직임도 필요하지 않은 깊은 숙면 속으로 가서 다시 휴식을 취한다.

자나까 왕은 이제 사람이 산다는 것은 해와 달과 같이 밖에서 비추는 빛뿐만이 아니라, 아뜨만 또는 뿌루샤와 같이 안에서 비추는 빛으로 인한 것임을 알았다. 사람은 그냥 혼자 사는 것이 아니었다. 먹는 것, 숨쉬는 것, 보는 것, 듣는 것, 생각하는 것, 꿈꾸는 것 어느 하나도 사람 혼자 할 수 있는 것이 없다.

무엇이든 할 수 있을 것 같은 사람이지만, 무엇이든 할 수 있게 하는 것은 사람의 몸뚱이가 아니라, 몸뚱이 안에 있으면서도 자유 여행을 하는 뿌루샤다. 자유 여행이 가능한 것은 뿌루샤가 몸뚱이 안으로 들어오기 전에 '넓게 퍼져 있는 자'였기 때문이다. 그래서 사람은 무엇이든 할 수 있다고 생각하게 되고, 때로는 스스로 자유로운 존재인 양 자만하게 되는 것이다.

다른 사람, 다른 생명체, 자연, 신이 없어도 사람은 혼자 존재할 수 있지 않을까 생각했던 마음 한 구석의 칸막이가 시원하게 뻥 뚫리는 것 같았다. 나와 다른 존재를 가로막았던 칸막이가 오랫동안 자나까 왕의 마음 한 구석을 조여 왔던 것이다. 자나까 왕은 새로운 진실을 깨달은 기쁨으로 잠시 자유롭게 넓디넓은 하늘을 나는 듯했다. 그는 감사의 뜻으로 고개를 숙이고, 아뜨만과 뿌루샤에 대한 야쟈왈끼야 성자의 말씀을 마음에 새겼다.

9

둘을 구분해서 보기

눈에 보이는 것만을 숭배하는 자는 깊은 어둠 속으로 들어가게 된다. 그러나 오로지 눈에 보이지 않는 영원한 것에만 빠져 있는 자는 그보다 깊은 어둠 속으로 들어가게 되리라.

9. 둘을 구분해서 보기

　　브리하드라타 왕은 왕으로서 누릴 수 있는 모든 명예와 부를 다 가진 사람이었다. 그런데 언젠가부터 삶에 대한 회의를 느껴, 홀연히 왕위를 버리고 숲 속으로 들어가 고행을 하며 삶의 의미를 간절하게 구한다. 샤까야냐 성자는 왕의 고행이 간절한 소망을 품고 있음을 알고 그에게 다가간다. 그는 왕에게 참모습에 대한 지혜가 왜 필요한지, 사람의 존재는 어디에서 어떻게 시작되었는지 설명하면서, 근원적인 모습과 물질적인 모습을 알고 이 둘을 구분해서 볼 수 있는 사람은 허무 속에 갇히지 않는다고 말해 준다.

왕의 고민

　　옛날 브리하드라타라는 왕이 있었다. 그는 뛰어난 용맹으로 명성을 얻고 존경을 받았을 뿐 아니라 넓은 영토와 풍요를 누리는 백성들을 다스리는 왕이었다. 그러나 인생의 황혼기에 접어들면서 삶이 덧없다는 생각이 들었다. 그 동안 전쟁터에서 죽은 수많은 적국 병사들과 자신을 대신해서 죽은 자신의 병사들이 자꾸 생각났고, 이대로 늙어 죽으면 그것으로 사람의 인생이 다하는 것일까 하는 생각에 빠지기도 했다.

죽으면 다시 새로운 몸을 입고 태어나는 윤회를 한다고 하는데, 백 번을 태어난들 이렇게 허망하게 살다가 죽는다면 삶이 무슨 의미가 있을까 생각하니 가슴이 답답해졌다. 그러다가 결국 왕은 어린 아들을 왕좌에 앉히고, 스스로 숲으로 들어가 삶의 의미를 찾아 고행하는 길을 선택했다.

그는 숲 속에 서서 팔을 들고 태양을 응시하는 지독한 고행을 했다. 그런 날들이 천 일이 지나자, 연기 없는 불처럼 스스로의 빛으로 타오르는 샤까얀야라는 성자가 거기에 나타났다. 성자는 숲을 지나가고 있는 중이었다. 그는 왕의 마음을 꿰뚫어 보고 말했다.

"일어나시오, 일어나시오. 무슨 소원을 빌기에 천 일을 이러고 있단 말이오?"

왕은 천 일간의 고행에 대한 응답을 기대하며, 샤까얀야 성자에게 두 손을 모으고 머리를 숙여 말했다.

"존경하는 분이여, 알고 싶은 것이 있습니다. 사람이란 이렇게 허망한 존재입니까? 산다는 것은 무엇입니까? 저에게 속시원하게 말씀해 주실 수 없습니까?"

샤까얀야 성자는 왕이 지식은 많으나, 진정으로 중요한 아뜨만, 브라흐만에 대한 지혜는 없음을 알았다. 그러나 왕에게 지금 이 순간 아뜨만, 브라흐만에 대한 지혜가 통할 수 있는지 시험해 보고 난 뒤 답을 해 주기로 마음먹었다.

"그대는 가장 어려운 문제를 나에게 묻고 있구려. 그 소원은 들어주기 매우 어려우니 다른 소원을 말해 보시오."

그러나 평생 동안 누릴 수 있는 모든 것을 누리고 살아온 왕에게 다른 소원이 있을 리가 없었다. 왕은 자신의 마음속에 든 고민을 진지하게 털어 놓았다.

"존경하는 분이여, 뼈, 껍질, 근육, 골수, 살, 정액, 피, 점액, 눈물, 콧물, 똥, 오줌, 바람, 담석, 가래 같은 것들로 만들어진 이 냄새나는, 기반도 없는 육신을 가지고 욕망을 즐기는 것이 다 무슨 소용이겠습니까. 욕망, 분노, 탐욕, 미혹, 두려움, 낙담, 시기, 원하는 것을 얻지 못하고 원하지 않는 것을 얻는 고통, 허기, 목마름, 늙음, 죽음, 질병, 슬픔과 같은 것들이 지배하는 이 육신을 가지고 욕망을 즐기는 것이 무슨 소용이 있겠습니까.

빈대, 모기와 같은 미물조차 수없이 죽어 없어지고, 풀과 나무들도 계속 생겨나고 죽습니다. 훌륭한 사람, 훌륭한 장수, 세상에서 이름 높은 왕들과 가장 용맹스럽다는 마르타 족이나 바라따 족의 왕들이면 다 무엇합니까. 그들도 많은 친족들이 보고 있는 가운데 그 많은 재산을 놔두고, 이세상을 버리고 저세상으로 갔습니다.

사람, 반인반신 간다르와, 악마, 약샤, 괴물, 귀신, 떼를 지어다니는 영들, 악령, 뱀, 흡혈귀, 그 무엇이든 다 무엇합니까.

시간이 지나면 큰 바다도 마르고, 산봉우리도 무너지고, 별자리도 바뀌고, 바람도 끊어지고, 땅도 가라앉고, 신들이 머무는 자리도 바뀝니다. 젊은이가 아무리 아름다운 여자와 술로 지새도 허망하고, 사람이 애써 육신을 살찌워도 죽습니다. 죽고 나서는 다시 이 허망한 세상으로 돌아와야 한답니다. 이러함을 제가 아는데, 육신을 가지고 욕망을 즐기는 것이 다 무슨 의미가 있겠습니까.

당신만이 저를 구원해 주실 수 있습니다. 이세상에서 저는 물 없는 우물 속의 개구리입니다. 당신이 유일한 길입니다. 당신이 저의 유일한 길입니다."

(마이뜨리 우파니샤드 제1장 3절~4절)

왕은 그 용맹함으로 명성을 얻고 존경을 받았지만, 그것이 허망하다고 느끼고 있었다. 사람들이 칭송하는 그의 멋진 몸과 힘이 한낱 냄새나는 뼈, 껍질, 정액, 피, 눈물, 콧물, 똥, 오줌 같은 것들의 집합체임을, 그 몸이 병들어 죽으면 아무것도 남지 않는다는 것을 알고 있었다. 반인반신이나 악마, 뱀, 흡혈귀 등 그 무엇이 되든 삶이 허망하지 않을 수 있는 길은 없느냐고 고백한 것이다. 샤까얀야 성자는 이만하면 왕의 마음가짐이 아뜨만과 브라흐만의 지혜를 받아들일 준비가 되었다고 생각했다.

"훌륭한 왕 브리하드라타여, 이슈바꾸 왕조의 이름을 드높이는 왕이여, 이제 곧 그대가 소원한 것을 얻을 것이오."

(마이뜨리 우파니샤드 제2장 1절)

샤까얀야 성자는 사람은 근원 존재인 브라흐만에 기반한 존재라고 말했다. 브라흐만은 아무런 이름도 속성도 없어 자유롭지만, 사람과 사람이 사는 세상은 이름과 속성들로 이루어져 있다. 이것은 '세상을 만드는 존재'라는 이름을 가진 조물주가 세상을 만들었을 때부터 시작되었다.

"처음에는 조물주만이 홀로 있었소. 그는 아무런 즐거움이 없었소. 그래서 그는 그 자신에 대해 명상하여 자식들을 만들어 냈소. 그가 보니 자식들이 돌과 같이 지혜도 없고, 숨도 없이 그저 기둥처럼 서 있기만 하였소. 그는 즐겁지 않았소. 그래서 그는 자신의 힘으로 생각했소. '이들을 지혜롭게 하기 위해서 내가 이들 안으로 들어가야겠다.' 그는 자신을 바람처럼 만들어 그 안으로 들어갔소.

그러나 하나로는 아무것도 할 수 없었소. 그래서 그는 자신을 다섯으로 나누었소. 그것은 내쉬는 숨, 들이쉬는 숨, 브야나 숨, 우다나 숨, 평 숨이었소.

내쉬는 숨을 쁘라나라고 했고, 들이쉬는 숨을 아빠나라 불렀으며, 이 두 숨을 떠받치고 있는 숨을 브야나라 부르고, 아빠나처럼 들이쉬면서 먹은 양식을 세밀하게 조각조각으로 나누고 그 세밀한 조각들을 육신의 모든 부분에 나누어 주는 숨을 평 숨이라 했소. 브야나 숨보다 높이, 그 대공 가운데 있으며, 먹고 마신 것을 올리고 내리는 일을 하는 것은 우다나 숨이라 했소."

(마이뜨리 우파니샤드 제2장 6절)

사람의 근원은 아무런 경계가 없고 완전한 자유만이 있는 브라흐만이지만, 사람은 시간과 공간의 경계를 가진 이 세상에서 조물주의 자식으로 존재한다. 조물주가 세상에 바람을 있게 한 것처럼 자식들에게 숨을 불어넣어, 숨을 들이쉬고, 내쉬고, 지탱하고, 분배하고, 올리거나 내릴 수 있게 되자, 자식들은 숨이 필요하지 않은 브라흐만을 근원으로 하면서도 숨을 쉬는 존재가 되었다. 그래서 숨쉬는 존재의 근원을 '자기 자신'이라는 뜻에서 아뜨만이라고 한다. 따라서 자기 자신 아뜨만은 숨쉬는 존재 속에 있지만, 본래는 숨쉴 필요가 없고, 육신을 가질 필요가 없고, 이름도 가질 필요가 없는 존재다.

샤까야야 성자는 사람은 본래 아뜨만인 자기 자신의 모습을 알아야 한다고 말했다. 브리하드라타 왕은 허망하게 느끼던 자신과 자신의 삶이 본래 완전히 자유로운 존재라는 말을 듣고, 어디선가 힘이 솟아나는 듯했다. 하지만 여전히 의문은 남아 있었다. 그래서 왕은 다시 물었다.

"아뜨만의 훌륭함이 그러함을 알겠습니다만, 그와 다른 아뜨만이 있습니다. 업의 밝고 어두움에 따라 이러저러한 자궁으로 들어가고, 그로 인해 위로 다니기도 하고 아래로 돌아다니기도 하고, 즐거움과 괴로움을 겪기도 하는 아뜨만이 있습니다. 그것은 어떤 존재입니까?"

(마이뜨리 우파니샤드 제3장 1절)

서로 다른 나의 두 가지 모습

윤회란 세상에 살면서 자신이 만든 자신의 업보를 다시 태어나서 겪는 것이다. 콩 심으면 콩 나고 팥 심으면 팥 나듯, 좋은 업을 쌓았으면 다시 태어나 좋은 업보를 겪고, 나쁜 업을 쌓았으면 다시 태어나 나쁜 업보를 겪으며 다시 사는 것이다. 사람의 자궁으로 들어가 사람으로 다시 태어나기도 하고, 동물의 자궁으로 들어가 동물로 태어나기도 한다. 또 좋은 업을 쌓아 좋은 가문에 태어나기도 하고, 나쁜 업을 쌓아 바닥을 기어다니는 뱀으로 태어날 수도 있다.

브리하드라타 왕은 이러한 자신이 본래 완전히 자유로운 자신, 샤까얀야 성자가 말한 아뜨만과 다른 것이 아닌가 하는 의문이 생겼다. 하나는 업을 만들고 그것의 결과를 겪어야 하는 자유롭지 못한 자신이고, 또 다른 하나는 본래 숨도 필요 없고 육신도 없는, 그래서 업을 만들 일이 없는 완전히 자유로운 자신이다. 이 둘은 분명 다른 것이 아닌가? 도대체 어떤 쪽이 나 자신이란 말인가?

샤까얀야 성자는 기다렸다는 듯이 두 가지 아뜨만에 대해서 말하기 시작했다.

"물질적 아뜨만이라 불리는 것이 있으니, 그가 업의 밝고 어두움에 따라 이러저러한 자궁으로 들어가고, 그가 위로 다니기도 하고 아래로 돌아다니기도 하고, 즐거움과 괴로움을 겪기도 하는 것이오.

다섯 근원 요소들이 가진 세밀한 성질들이 '물질'이며, 그 다섯 근원 요소들 자체도 물질이오. 이것들이 결합한 것이 육신이오. 그러므로 육신 안에 그것이 있다고 할 때, 그것은 물질적 아뜨만을 말하는 것이오.

그 물질적인 아뜨만 안에 있는 불멸하는 아뜨만은 (물에서 피었으

나) 물에 닿지 않는 수련 꽃과 같소. 그러므로 자연의 속성에 영향을 받는 것은 (불멸의 아뜨만이 아니라) 이 물질적 아뜨만이오.

　그 영향으로 말미암아 그는 미혹의 단계로 가는 것이오. 이 미혹으로 말미암아 그 사람은 자신 안에 있는 신을 보지 못하는 것이오. 그 신이 그의 안에서 행위를 하게 하는 자인데도 말이오. 그는 속성의 흐름에 영향을 받아 그에 따라 태어나고 죽으며, 두려움에 떨며 당황하고, 욕망을 품으며 괴로워하고, '이것은 나, 이것은 나의 것'이라 하며 자만한다오. 이렇게 사람은 새가 덫에 걸린 것처럼 스스로 이 (물질적) 아뜨만에 얽매이는 것이오."

(마이뜨리 우파니샤드 제3장 2절)

다섯 근원 요소란 흙, 물, 불, 바람, 대공을 말한다. 모든 물질은 궁극적으로 이 다섯 요소로 나눠질 수 있다고 믿었기 때문에, 이 다섯을 근원 요소라고 한 것이다. 따라서 몸뚱이는 이 다섯 근원 요소가 결합하여 만들어진 것이라고 한다.

　언젠가 야쟈왈끼야 성자의 제자 가운데 빠잉갈라라는 제자가 두 가지 다른 자기 자신에 대해서 물은 적이 있었다. 그때 야쟈왈끼야는 세 가지 몸, 그리고 다섯 가지 숨을 들어 그 원리를 설명했다.

　"세상의 창조와 유지, 파괴를 운용하게 하는 그 존재가 어떻게 개체아가 되는 것입니까?"

(빠잉갈라 우파니샤드 제2장 1절)

"그 존재는 다섯 가지 요소들을 결합해서 차례대로 그들의 몸을 만들었다. 해골, 피부, 내장, 뼈, 살, 그리고 손톱과 같은 것들은 흙의 부분이다. 피, 오줌, 침, 땀과 같은 것들은 물의 부분이요, 배고픔, 목마름, 신열, 부은 상태, 성적 충동과 같은 것들은 불의 부분이다. 이리저리 움직이는 것, 들어올리는 것, 숨을 쉬는 것과 같은 것들은 바람의 부분이다. 빛, 분노와 같은 것들은 대공의 부분이다."

(빠잉갈라 우파니샤드 제2장 2절)

이 몸뚱이가 삶을 살면서 만든 업에 따라 다시 윤회할 때는, 윤회라는 굴레를 지고 다니는 자기 자신(아뜨만)이 윤회한다는 것이다. 그러나 본래 아뜨만은 아무런 굴레 없이 완전히 자유로운 존재다. 윤회를 하는 자기 자신 안에 윤회와 전혀 관계가 없는 아뜨만이 있다는 것이다.

윤회의 굴레를 지고 다니는 자기 자신은 여러 가지 속성에 이끌려 이리 가기도 하고 저리 가기도 하는데, 그 결과 그는 본래 자신 안에 든 자유로운 자신을 보지 못하게 된다. 자신의 참모습을 발견하지 못한 채 몸뚱이와 연계된 자신만을 진짜 자신이라 착각하고, 수없이 태어나고 죽고 두려워하고 당황하고 욕망하고 괴로워하는 윤회 속에 스스로를 가둬 두는 것이다.

큰 강에 이는 물결처럼
바다에 이는 파도처럼
죽음이 밀려오는 것은 막기 어렵다.
불구자가 마음대로 움직이지 못하듯
모든 사람은 업의 선악에 따라 업보에 매어 있고
감옥에 갇힌 사람처럼 아무런 자유가 없으며
죽음의 신 야마 앞에 선 사람처럼 두려움으로 낙담하고
술에 취한 듯 미혹에 취하며
귀신에 사로잡힌 것처럼 갈피를 못 잡고
뱀에게 물리듯
마술처럼 환영이며 꿈처럼 사실이 아니며
바나나나무 줄기처럼 속이 텅 빈 세상에 물리고
밤처럼 어두운 욕망으로 어둠 속에 머물며
배우처럼 매순간 옷을 갈아입으며
색칠한 벽처럼 겉치장한 모습을 하고 있다.

(마이뜨리 우파니샤드 제4장 2절)

184

샤까얀야 성자는 사람들이 자기 자신을 몸뚱이와 연계해서 생각하는 것이 자기 자신의 참모습을 알아보지 못하는 결과를 불러 온다고 설명한다. 이렇게 살다 보면 모든 삶이 허망해진다. 반복되는 죽음과 탄생, 고통과 즐거움의 쳇바퀴 속에서 삶의 의미는 무엇인가? 샤까얀야 성자는 몸뚱이와 연계된 자기 자신이 아니라 그 안에 있는 완전한 자유 속의 자신을 깨닫는 것이, 이 의미 없는 윤회의 쳇바퀴에서 벗어날 수 있는 방법이라고 말한다.

브라흐만의 두 가지 모습이 있으니, 형태가 있는 브라흐만과 형태가 없는 브라흐만이다. 그들은 죽음을 겪을 브라흐만과 죽음이 없는 브라흐만이고, 제한된 브라흐만과 제한되지 않은 브라흐만이며, 여기 존재하는 브라흐만과 저기 진리 자체인 브라흐만이다.

형태가 있는 브라흐만은 공기와 대공과 같은 것이 아닌 것으로서 죽음을 겪을 브라흐만이며, (그 능력 등이) 제한된 것이며, 여기 존재하는 브라흐만이다.

형태가 없는 브라흐만은 공기 속에, 대공 속에 있다. 이것은 불멸이며, 제한되지 않으며 참존재다.

(브리하다란야까 우파니샤드 제2장 3편 1절~3절)

자기 자신의 모습이 둘이라는 데서 혼동이 생기고, 착각이 생기고, 스스로 굴레를 지우게 된다. 두 가지 모습을 분별하는 것, 그것이 삶의 지혜다. 죽음과 탄생이 반복되는 윤회를 피할 수 없는 사람이지만, 자기 자신의 참모습을 깨닫고 반복된 윤회가 아닌 완전한 자유의 상태를 희망한다면, 그 삶은 허망한 것이 아니다. 자신을 이 작은 몸뚱이에 한정함으로써, 스스로 줄에 매어 있다고 착각하고 울타리를 벗어나지 못하는 소처럼 살 것이 아니라, 나를 자연과 모든 생명으로 넓고 또 넓게 확장하여 드넓은 내 안에서 자유롭게 살면 되는 것이다. 삶의 의미는 나를 작게 가두는 것이 아니라, 나를 크게 확장하여 그 속에서 자유를 만끽하는 것이다.

그런데 여기에는 늘 함정이 있다. 보이지 않는 참모습을 찾으려고 집착하다 보면 나의 현실을 등한시한다는 것이다. 왜냐하면 참모습을 깨닫는 것이 중요하기는 하지만, 그것이 이 현실에서 이루어지지 않으면 의미가 없기 때문이다. 그래서 우파니샤드에서는 현실과 이상 그 어느 쪽에도 기울지 말고 균형을 지키라고 말한다.

> 눈에 보이는 것만을 숭배하는 자는
> 깊은 어둠 속으로 들어가게 된다.
> 그러나 오로지 눈에 보이지 않는 영원한 것에만 빠져 있는 자는
> 그보다 깊은 어둠 속으로 들어가게 되리라.

눈에 보이는 것만을 숭배하는 것과
눈에 보이지 않는 영원한 것만을 숭배하는 것.
이들이 각기 다른 결과를 가져온다는 것을
우리는 현인들에게서 들었도다.

(이샤 우파니샤드 제12절~13절)

눈에 보이는 것이란 남에게 보이기 위해서 지내는 제사, 허례허식, 또는 물질이나 재물 등을 의미한다. 눈에 보이지 않는 영원한 것에만 빠져 있다는 것은 제사, 형식 등을 아예 무시하고 자만심에 빠져 무엇인지도 잘 알 수 없는 보이지 않는 것만을 좇는 것을 의미한다. 이 또한 현실을 고려하지 않음으로써, 현실에서 아무런 의미가 없는 환상만을 따를 수도 있다는 위험을 경고한 말이다.

세상 모든 것의 근원이 되는 그 어떤 것을 깊이 생각해 보는 것도 중요하지만, 그렇다고 해야 할 일을 하지 않고 생활을 엉망으로 만들어 버린다면, 처음부터 그런 깊은 생각을 아예 시작하지 않은 것만 못하다. 무슨 일에서도 마찬가지지만 균형감 없는 지식, 한쪽으로 치우친 노력은 오히려 해가 된다.

브리하드라타 왕은 이제 왕위를 내놓고 숲에서 천 일을 고행하면서 그렇게도 갈구하던 답을 들었다. 왕은 성자에게 두 손 모아 감사의 인사를 올렸다. 그리고 왕으로서 책임을 다하며 살아온 지금까지

의 인생과는 또 다른 인생의 길을 보여 준 샤까얀야 성자에게 스승
에 대한 예를 갖추었다.

인생을 살면서 누구나 한 번쯤 부딪히는 물음이 있다. "삶의 의미
는 무엇인가?" 하는 물음이다. 맨 처음에 나온 나찌께따처럼 청소년
기에 철이 들면서 부딪히기도 하고, 책임과 의무에 둘러싸여 가장
바쁜 생을 사는 중년에 부딪히기도 한다. 또는 노년기에 들어서야
너무 바쁘게 사느라고 지나쳐 버린 이 물음과 부딪히기도 한다.

아무리 많은 지식과 사상, 정보들이 세상에 넘쳐나도 이런 물음은
사라지지 않는다. 오히려 현대인들이 삶을 더 많이 불안해하고, 더
허탈해하고, 더 괴로워한다. 왜 그럴까? 너무 많은 지식과 정보를
읽느라고, 정작 자기 자신에 대해서는 생각해 볼 시간도 여유도 없
기 때문이다.

눈과 귀를 즐겁게 하는 TV나 영화, 수많은 매체들이 우리에게 "재
미있지? 재미있지?"라고 묻지만, 사실 우리는 이런 것들이 없어도
행복할 수 있다. 문득 만난 자연의 들꽃, 청명한 하늘, 모양도 속도
도 제맘대로 자유롭게 다니는 구름……. 오락을 통해 즐거운 것과
자연에서 즐거운 것 모두 즐겁기는 매한가지지만, 오락을 통해 즐거
운 것은 눈과 귀를 자극해서 얻은 것이고, 자연 속에서 즐거운 것은
눈과 귀가 보고 들은 것이 내 안의 자유를 일깨우기 때문에 생긴 것
이다.

시선을 자신의 밖으로 돌릴수록 우리는 우리 자신과 우리의 삶이 허망하게 느껴진다. 밖에서 얻은 즐거움은 눈이나 귀만을 만족시켜 줄 뿐이다. 시선을 자신의 안으로 돌리면 이 두 가지 즐거움의 차이를 느낄 수 있다. 내면의 자유 속에서 얻은 즐거움은 눈과 귀를 만족시켜 얻은 즐거움과는 비교할 수 없을 정도로 크다.

우파니샤드는 이런 자유의 실마리가 우리 자신의 밖이 아니라 안에 있다고 말한다.

10
요가의 진실

요가 수행자는 등불처럼 그 스스로 빛인 자신의 모습을 통해 브라흐만을 경험하니, 그에게는 더 이상의 태어남이 없고 아무런 동요도 없도다. 그 어떤 요소보다 순수한 그를 알고 나면 이제 모든 굴레에서 해방된다.

10. 요가의 진실

인도에서는 사람의 일생이 즐거움과 행복이 아닌 고통의 연속일 뿐이라고 한다. 사람은 결국 죽을 수밖에 없고, 죽음으로 가는 도중에도 갖가지 병, 늙음 등 수많은 고통들을 만나기 때문이다. 그래서 그 고통에서 벗어나기 위한 다양한 방법이 개발되었는데, 그 가운데 대표적인 것이 바로 요가다. 즉, 요가는 고통에서 벗어나 자유의 상태로 가기 위한 자기 훈련과 제어의 기술이다. 여기에는 몸과 마음을 건강하고 가볍게 만드는 준비 단계에서 정신 집중, 삼매경에 이르는 모든 과정이 포함된다.

우파니샤드의 주제인 자아 탐구의 구체적이고 실질적인 방법으로 요가가 이용되었는데, 인도의 수많은 철학들은 요가를 통해서 형성되었다고 말할 수 있다.

요가의 의미

인도에서 요가는 아주 오래전에 시작되었다. 언제 시작되었을까? 인더스 문명의 유적으로까지 거슬러 올라가기도 한다. 인더스 문명은 기원전 2000년경 인더스 강 유역에서 발달한 세계에서 가장 오래된 문명 가운데 하나다. 이 문명의 유적은 상당히 많이 남아 있는 편인데, 그 중에 인장이 있다. 작은 인장에 가부좌를 하고 큰머리 장식 같은 것을 쓰고 앉은 남자의 모습이 새겨져 있는데, 많은 사람들이 이것이 바로 요가에 관한 가장 오래된 흔적이라고 한다.

요가에 정통한 사람들을 요가·아짜리야, 즉 '요가 선생님'이라고 부른다. 요가·아짜리야들은 요가에 대해 이렇게 설명할 것이다.

"요가란 자기 자신을 발견해 나가는 과정입니다. 그러기 위해서 가장 먼저 몸과 마음을 건강하게 해야 합니다. 그러고 나서 몸과 마음이 내면의 자기 자신을 발견하는 데 조금도 방해가 되지 않도록 가볍게 만들어 주어야 합니다. 우리는 몸을 가지고 태어났기 때문에 이 몸을 이용해서 몸이 그 통로가 될 수 있도록, 그리고 그 다음에는 마음이 그 통로가 될 수 있도록 노력해야 합니다."

사실 요가는 몸의 운동이라기보다 마음의 운동이라고 할 수 있다. 마음의 건강을 위해서 먼저 몸을 건강하게 만들어야 한다는 것이다.

우파니샤드 시대에는 오늘날의 요가와 같은 체계가 완성된 것은 아니었지만, 요가가 무엇인지, 왜 요가를 하는지와 요가 예찬론은 이미 나와 있었다.

　　마음과 다섯 감각들이 아뜨만에 고정되면
　　감각 기관들을 조정하던 '지혜'가 전혀 움직이지 않으니
　　이 상태를 최상의 단계라고 한다.

　　이처럼 감각들이 고정되어

흔들리지 않을 수 있는 단계에 이르게 하는 것을
'요가'라고 부른다.
구도자는 조금의 자만심도 갖지 않는 경지에 이를 수 있나니
요가로써 마음의 내달림과 평온함을 통제할 수 있기 때문이다.

(까타 우파니샤드 제3부 1장 10절~11절)

자세나 스트레칭 같은 것이 아니라, 이렇게 마음과 감각을 통제하는 것을 요가라고 한다. 요가라는 말은 원래 'yuj(붙잡아 매다)'라는 말에서 나왔다. 말을 몰고 가는 사람이 말고삐로 말을 통제하는 것처럼 마음을 한 곳에 붙잡아 매고 생각을 모두 붙잡아 맨다는 뜻이다. 그래서 여기저기 방황하거나 현혹되지 않고 자기 자신의 참모습을 찾아간다는 것이다.

자기의 참모습이란 세상의 참모습이고 모든 생명의 근원이기 때문에, 이것을 아는 것이야말로 사람이 인생을 사는 목적이다. 목적을 달성한 사람은 다시 고통의 바다인 이세상에 태어나지도 않고 완전히 자유로운 행복 속에서 내 것 네 것 따질 필요 없는 전체 의식, 즉 생명의 근원 자체로 돌아가게 된다.

아뜨만을 수레의 주인이라 생각하고
육신을 수레라고 생각해 보라.

지혜를 마부,

그리고 마음을 고삐라 생각해 보라.

감각들을 말이라 하고

감각이 좇는 그 대상들을

말이 달려 나가는 길이라 생각한다면

이렇게 육신과 감각과 마음이 한데 모인 아뜨만은

마차 안에 들어앉은 주인이다.

지혜인 마부가

만일 마차를 제대로 몰지 못하여

마음인 고삐가 불안정해지면

그 조정을 받는 감각들은

각기 제멋대로 움직인다.

그러나 지혜인 마부가

마차를 잘 몰아

항상 마음을 통제할 수 있으면

그의 말인 감각들은

마부가 길을 잘 들인 말처럼

항상 절도 있게 되는 것이다.

그러나 무지(無智)에 갇혀

그 의식을 통제하지 못하는 사람은

그 지혜가 영구한 순수함에 이르지 못하여

최종 목적지까지 가지 못하고

탄생과 죽음의 윤회의 길을 따라

이 속세로 다시 되돌아 내려온다.

지혜롭고

마음을 통제하여

그로써 영구한 순수함에 도달한 사람은

그 목적지까지 도달하여

이 고통스런 탄생과 죽음의 쳇바퀴 속으로

다시 내려오지 않는다.

분별력 있는 마부,

지혜를 가지고 마음인 고삐를 단단히 쥔 통제력을 가진 사람은

이 세상의 여로를 마치고

널리 퍼져 있는 신의 그 지고의 경지에 도달하게 되리라.

감각보다는 그 대상이 먼저 생겼고

그 대상들보다는 마음이 먼저 생겨났으며

마음보다는 지혜가

그리고 지혜보다는 아뜨만이 더 먼저 있었다.

그 아뜨만보다 먼저 미현인[1]이 있었으며

그 미현인보다 먼저 뿌루샤가 있었으니

그 전에는 아무것도 없었다.

여기가 여로의 끝, 최종 목적지다.

그는 모든 생명체에 들어 있으며

각각의 아뜨만으로서

우리에게 나타나 보이지 않는다.

오로지 작디작은 것을 볼 수 있는 눈을 가진 사람의

극히 깊고 깊은 지혜로만 볼 수 있는 것이다.

소리가 없고

촉감이 없으며

형태와 맛

그 끝과 냄새 또한 없으니

그는 불멸의 존재로다.

---

1) 미현인은 '아직 드러나지 않은 근원'이라는 뜻이다. 이것은 생명이 밖으로 얼굴을 내밀기
전의 알과 같다. 우파니샤드에서는 아직 드러나지 않은 근원을 생명의 가능성을 가득 품고
있는 알처럼, 아뜨만을 태어나게 한 어머니의 자궁이라고 한다.

또한 시작이 없고 끝이 없고 초월적이며

지극히 안정된 이 아뜨만을 알게 되면

그는 그 순간 죽음의 어귀에서 풀려나리라.

(까타 우파니샤드 제1부 3장 3절~15절)

'죽음의 어귀에서 풀려난다.'는 것은 바로 윤회 사상의 결론이기도 하다. 윤회 사상은 사람이 자기의 참모습을 알게 될 때까지 계속해서 태어나 병들고 상처받고 늙어 죽게 되어 있다는 것인데, 결국 요가의 목적은 윤회를 끝내고 아무런 고통이나 간섭 없는 완전한 자유의 세계, 해탈이라고 하는 그 세계로 가는 것이라고 할 수 있다.

그런데 만일 윤회를 끝내고 싶지 않은 사람은 어떻게 하느냐고 묻는 사람도 있을 것이다. 물론 삶을 고통으로 느끼지 않는 사람은 당연히 삶에 머물고 싶을 것이다. 그럼에도 불구하고 우파니샤드는 궁극적인 목적을 잊지 말고 그 방향을 놓치지 말라고 반복해서 말한다.

"풀벌레가 풀의 마지막 부분에 다다르면 다른 풀로 건너뛰어 그 풀에 앉듯, 이 아뜨만도 지금 머물고 있는 육신을 없애고 무명을 가진 채로 다른 몸으로 건너가 그 몸에 정착하는 것입니다.

마치 대장장이가 금 조각을 가지고 보기 좋은 모양의 장신구를 만들어 내듯, 이 아뜨만도 지난 몸은 버리고 무명을 가진 채로 또

다른 보기 좋은 모습이 됩니다. 귀신, 간다르와, 신, 창조주, 또는
다른 존재도 되는 것입니다."

(브리하다란야까 우파니샤드 제4장 4편 3절~4절)

네 가지 세계를 다니는 여행

요가를 통해서 그런 완전히 자유로운 상태, 해탈에 도달할 수 있
다는 생각은, 구체적으로 요가를 통해서 가는 길이 있다는 데서 나
왔다. 사람은 이 길을 따라서 일상이 아닌 세계들을 거슬러 올라갈
수 있다는 것이다. 그렇다면 일상적으로 파악할 수 있는 세계 말고
또 어떤 세계가 있다는 것일까. 우파니샤드에서는 네 가지 세계가
있다고 한다. 비유해서 말하자면 일상적인 깨어 있는 상태, 꿈꾸는
상태, 깊은 숙면 상태, 그리고 어떤 상태라고 비유할 수도 없으니
'네 번째 상태'라고만 하는 그런 상태가 있다.

아뜨만의 네 부분이 있으니
깨어 있는 상태에 머물며 외부 세계를 분별하는 자
일곱 부분과 열아홉 개의 입을 가지며
물질 세계를 먹고 사는
'세상을 들어 옮기는 자'가 그 첫 부분이다.

꿈꾸는 상태에 머물며 내적 세계를 분별하는 자
일곱 부분, 열아홉 개의 입을 가지며
덜 물질적인 세밀한 것들을 먹고 사는
'에너지'가 그 두 번째 부분이다.

아무것도 바라지 않으며
아무런 꿈도 꾸지 않는 상태는
바로 아주 깊은 숙면 상태
그 깊은 숙면 상태에 머물며
희열로 만들어졌으며
희열만을 먹고 사는 의식이라는 입을 가진
'분별력'이 그 세 번째 부분이다.

그 분별력은 모두의 주인이며
모든 것을 아는 자
내부의 통치자이며
모두의 근원
모두의 시초이자
모든 생명체들의 종말이다.
내적인 것을 구별하는 지혜도 아니고

외부의 물질 세계를 구별하는 지혜도 아니고

그 둘을 구별하는 것도 아니며

의식의 덩어리도 아니고

의식도 아니고

의식이 아닌 것도 아니며

보이지 않으며

말로 설명할 수도 없으며

잡을 수도 없고

특징지을 수도 없으며

상상해 볼 수도 없고

어떤 이름으로 부를 수도 없고

오직 하나의 핵심인 진리이며

세상을 복되게 하는 그 어떤 것이며

둘이 아닌 그 아뜨만을

성인들은 네 번째라고 말했나니

그가 바로 아뜨만

그가 바로 우리가 진정 알아야 할 존재로다.

(만두끼야 우파니샤드 제2절~7절)

참모습의 네 부분 가운데 첫 부분인 '세상을 들어 옮기는 자(바이슈

와나라)'는 사람이 깨어 있는 동안의 모습이다. 이때 사람은 세상의 모든 물질적 대상을 보고 듣고 즐긴다. 둘째 부분인 '에너지(따이자사)'는 사람이 잠을 자는 동안의 모습이다. 이때 사람은 깨어 있을 때 보고 들은 것을 가지고 꿈속에서 또 다른 세상을 만들어 낸다. 그러므로 이때의 대상은 물질이 아니라 물질에서 빼낸 이미지, 또는 세밀한 에너지들이다.

셋째 부분인 '분별력(쁘라쟈)'은 사람이 숙면 상태에 들어서 꿈도 꾸지 않고 깊이 잠자는 동안의 모습이다. 이때 사람은 물질적 대상인 세상이니 그것으로 만든 에너지니 하는 것들을 생각할 필요도 없고, 그저 평화롭게 잠을 자고 있을 뿐이다. 그런데 이때 사람은 아주 잘 자는 그 잠깐 동안 아무런 생각도 하지 않기 때문에 깨어나서야 상쾌하게 "정말 잘 잤다."고 할 뿐, 이런저런 것을 따지고 나누지 않는다. 이것은 모든 지식과 정보가 깊이 숙면하는 동안 하나로 합해져서 일어나기 때문에, 가장 큰 지식을 가지고 있는 상태다. 그리고 남는 것은 상쾌함뿐이다.

넷째 부분인 '네 번째(뚜리야)'는 무어라 설명하기 어렵기 때문에 그냥 네 번째라고 한다. 셋째 부분의 가장 큰 지식과 상쾌함이 넷째 부분에서는 잠깐이 아니라 항상 지속된다. 이것은 사람이 깨어 있을 때, 꿈꿀 때, 깊은 숙면 상태에 있을 때처럼 누구나 경험하는 것이 아니다. 그럼 어떻게 경험할 수 있을까? 마음과 감각 기관들을 고요하게 가라앉혀서, 자신의 안으로 안으로 들어가다 보면 경험할 수 있다. 바로 요가의 완성 단계에 가면 경험할 수 있는 것이다.

요가는 이렇게 사람의 의식이 깨어 있는 상태, 꿈꾸는 상태, 깊은 숙면 상태, 그리고 '네 번째' 상태로 여행하면서 자신의 참모습을 찾아가는 과정이다. 요가를 통해서 일상의 눈이 아닌 새로운 눈을 뜨는 연습을 하는 것이다. 요가를 통해서, 사방에서 흐르는 강들이 모이는 바다처럼 의식들이 모여 이루는 전체 의식을 만날 수 있는 것이다. 이것이 바로 나의 참모습이며, 모든 것의 근원인 아뜨만이다.

아뜨만은 여자도 아니요
남자도 아니요
중성도 아니다.
다만 그가 어떤 육신을 입는가에 따라
그에 맞는 육신의 속성을 갖게 되는 것이다.

(슈웨따슈와따라 우파니샤드 제5장 10절)

아뜨만은
누구에 의해서 생겨나는 것이 아니며
누구에 의해 죽는 것도 아니며
그 자신 외의 다른 어떤 근원에서 생겨난 것이 아니며

어떤 다른 것을 낳지도 않는 것이다.

그러므로 이 아뜨만은 태어난 적이 없으며

육신이 죽는다고 해서 사라지는 것이 아니다.

(까타 우파니샤드 제1부 2장 18절)

태양이 떠오르고

다시 지는 곳

태양이 움직이는 범위

모든 신들이 브라흐만 안에 포함된다.

모든 신들은 그 생명인 아뜨만을 근본으로 삼는다.

어느 신도 그 이상을 넘을 수 없으니

그것은 바로 그것(아뜨만)이다.

(까타 우파니샤드 제2부 1장 9절)

"그것은 '아니오, 아니오.'의 아뜨만이니, 잡히는 것이 아니기 때문에 '잡히지 않는 존재'라 하고, 쇠하는 것이 아니기 때문에 '쇠하지 않는 존재'라 하며, 어디에 붙어 있는 것이 아니기 때문에 '붙지 않는 존재', 고통을 겪지 않고 상처를 입지 않기 때문에 '고통이 없는 존재'라 부른다오."

(브리하다란야까 우파니샤드 제3장 9편 26절)

의식이 여행의 목적지인 '네 번째' 상태, 즉 전체 의식에 도착하면, 그때는 내가 남자든 여자든, 몸이 불편하든 건강하든 몸뚱이의 문제는 아무것도 아니게 된다. 참모습을 발견하는 데 몸뚱이의 문제는 아무런 의미가 없기 때문이다. 뿐만 아니라 죽음과 탄생도 의미가 없고, 자연의 힘들과 법칙들도 모두 하나가 된다. 하지만 이때 모든 이름과 형태, 속성이 하나로 통합되어 이 참모습에 이름을 붙일 수 없으니, 이 참모습을 무어라 부를 수도, 온전히 설명할 수도 없다. 그때그때 누군가 "그것을 잡을 수는 있는가?" 하고 묻는다면 "아니오.", 또 누군가 "그것은 어디에 붙어 있는 것인가?" 하고 묻는다면 "아니오."라고 답할 수밖에 없다.

이렇게 아무리 해도 일상의 의식으로는 감을 잡을 수도, 묘사할 수도, 설명할 수도 없는 세계, 그런 세계가 요가의 목적인 참모습의 세계, '네 번째' 세계다.

자, 그럼 우파니샤드의 요가·아짜리야에게 요가를 배워 보자.

가슴, 목, 머리를 곧게 펴고
감각과 마음을 가슴속 빈 공간에 모이게 한다.
이렇게 함으로써 현명한 자는
공포를 일으키는 거센 물결을
브라흐만이라는 배로 삼아 건너리라.

숨을 참고
모든 감각의 내달림을 통제하라.
숨을 더 이상 참을 수 없을 때
이제 아주 조금씩 코로 숨을 내쉬어라.
현명한 자라면
거센 말이 끄는 마차의 마부처럼
신중하게 마음을 몰아야 할 것이다.

매우 높지도
매우 낮지도 않은 그런 곳
평평하고
깨끗하며
우둘투둘한 돌 조각이 없고
불도 없으며
모래도 없는 그런 곳
물소리도 없고
지나치게 편하지도 않은 곳
마음에 꼭 맞고
눈에 고통을 주지 않는 환경이 있는 그런 곳
바람을 직접 맞지 않는

한적한 동굴 같은 그런 장소에서 요가 수행을 하라.

안개, 연기, 태양, 바람, 불, 떠다니는 불똥, 번개, 수정
이러한 것들은 명상 요가의 초반에
브라흐만의 표상으로 만들어져 나타나는 것들이다.

명상 중에
다섯 가지 근원 물질을 느끼면
그는 요가의 불로 달구어진 몸을 갖게 되어
이제 더 이상의 병고나 늙음, 죽음을 겪지 않으리라.

요가 수행자의 몸이 가벼워지고
질병이 없어지며
차분해지고
몸에서 윤택이 나며
목소리가 듣기 좋게 변하고
몸에선 좋은 향기가 나며
배설물이 아주 적어지는 등
이러한 현상은 요가의 초기에 생기는 현상이다.

먼지 등으로 더럽혀진 거울을 깨끗하게 닦고 나면

밝게 모든 것을 환히 비추어 보여 주듯

수행자가 그처럼 아뜨만의 본체를 보고 나면

그 사람은 모든 것을 성취한 것이니

더 이상 슬픔이 없다.

요가 수행자는 등불처럼

그 스스로 빛인 자신의 모습을 통해

브라흐만을 경험하니

그에게는 더 이상의 태어남이 없고

아무런 동요도 없도다.

그 어떤 요소보다 순수한 그를 알고 나면

이제 모든 굴레에서 해방된다.

(슈웨따슈와따라 우파니샤드 제2장 8절~15절)

요가의 마음 자세, 좌법과 자세, 호흡 조절, 마음의 통제, 장소 선택, 효과, 결과까지 우파니샤드는 친절하게 알려 준다. 요가를 하다가 잠시 별똥별이나 수정이 반짝이는 것을 눈앞에 보더라도 놀라지 않아도 되겠다. 그 또한 과정이라고 하지 않는가.

반드시 요가가 아니더라도 사람은 태어나서 사는 동안 자기의 참모습과 세상의 참모습을 알고자 노력하고, 세상을 자기 자신처럼 사랑하면서 살아야 한다. 적어도 살아가는 방법에서 이보다 중요한 것은 없다. 나와 다른 사람, 나와 너를 둘러싼 자연 환경이 모두 한 몸이라고 생각해 보라. 세상을 사는 하루하루가 의미 있다.

이런 아뜨만을 어디에서 찾아볼 수 있을까? 바로 내 자신의 마음 속이다. 마음은 아뜨만의 유일한 비밀 통로이기 때문이다. 몸이 아프거나 다쳤을 때 하고 싶은 걸 못 하듯, 마음이 닫혀 있으면 나의 참모습, 세상의 참모습을 볼 수 없다. 그래서 몸과 마음이 똑같이 중요한 것이다. 우리는 항상 내 몸과 마음을 소중히 하도록 해야 한다. 특히 내 참모습을 담고 있는 그릇인 마음을 항상 깨끗하고 건강하게 유지해야 나의 아뜨만이 잘 머물 수 있다. 마음이야말로 진짜 나의 모습을 담고 있는 그릇이기 때문이다.

인도 철학의 젖줄, 우파니샤드

1. 우파니샤드는 어떻게 만들어졌는가?

우파니샤드는 '베단따'라고도 하는데, 베단따는 '베다의 끝' 또는 '베다 사상의 정수'라는 뜻이다. 왜냐하면 우파니샤드는 베다 전통의 맨 마지막 단계에서 형성되었고, 그 내용이 베다 사상의 결정체이기 때문이다.

베다는 자연에 대한 경외감과 호기심에서 시작되었다. 사람들은 불, 바람, 천둥, 태양과 같은 자연의 힘을 형상화하여 자연신으로 숭배하고, 이 신들에게 제사를 지내기 위해 제례용 서적을 전하고 모았다. 이렇게 만들어진 초기 베다에는 자연 신들에 대한 찬양을 중심으로 하는 제사가 가장 중요한 인간 행위로 여겨졌지만, 신에 대한 이해가 깊어지면서 점차 여러 자연 신들이 하나의 신(세계신, 일체신)으로, 그리고 신이라기보다는 세계의 근원을 추구하는 사상으로 발전했다. 우파니샤드는 이런 베다의 사상을 계승하여 이것을 신이 아닌 인간이 주체가 되는 사색의 장에서 존재의 참모습(아뜨만), 세상의 참모습(브라흐만)으로 발전시켰다. 자아에 관한 가장 오래된 철학이 생겨난 것이다.

베다는 세계적으로 가장 오래된 문헌으로 꼽히기도 하는데, 그 가운데서도 가장 오래된 부분인 리그 베다는 지금부터 3,500년 전, 그러니까 기원전 1500년경에 이미 제사에 사용되었다. 처음부터 책으로 전해진 것은 아니고 나중에 책으로 엮어진 것이다. 하지만 베다는 엄격한 교육을 받은 사람들이 입에서 입으로 전해 왔기 때문에 책으로 만들어지기까지 변화가 거의 없었다. 베다는 리그 베다, 사마 베다, 야주르 베다, 그리고 아타르와 베다의 네 부분으로 구성되어 있는데, 각각의 베다들을 해설한 해설집이 쓰여진 이유도 베다를 변형시키지 않기 위해서였다. 베다를 사람이 지은 것이 아니라, 하늘의 계시를 통해 받은 천계서라고 생각했기 때문이다.

해설집(브라흐마나(Brāhmaṇa))들은 시대의 변화에 의해 이해하기 어려워진 각 베다의 내용을 분석하고 의미를 밝히기 위한 것이었는데, 이 해설서들에 따르면 베다식 제사를 통해서 이루지 못할 일은 없었다. 심지어는 신들이 제사를 받지 못하면 권능을 발휘하지 못한다는 제사 제일주의를 만들어 냈다. 그러나 제사라는 행위에 치우친 해석에 반발한 사람들이 또 다른 해설집(아란야까(Āraṇyaka))을 통해 제사보다는 그 안에 담긴 의미를 파악하는 것이 중요하다고 하면서, 제사는 하나의 상징이라고 주장했다. 여기에서 베다의 상징을 신이 아닌 인간의 입장에서 해석하고 발전시킨 것이 우파니샤드다. 우파니샤드를 베다의 끝이라고 하는 것은 이러한 베다 해설집들의 전통에서 마지막을 장식했기 때문이며, 베다의 정수라고 하는 것은 베다 사상의 가장 발전된 형태이기 때문이다.

베다에서 우파니샤드로 옮겨가는 과정에서 제사의 형식주의와 권위는 점점 강화되다가 마침내 강한 저항에 부딪친다. 형식적인 제례의식보다는 정성이 중요하고, 신에게 제사의 대가를 기대하기보다 인간과 우주의 본질을 꿰뚫어 보는 통찰력을 갖는 것이 중요하다는 반대 주장이 나온 것이다. 업과 윤회의 개념도 이러한 저항으로부터 나왔다. 제사 자체가 중요한 것이 아니라 인간 스스로 선한 행위를 하면 선한 결과를 받고, 악한 행위를 하면 악한 결과를 받는다는 업 사상과 업으로 인한 결과를 받기 위해 사람이 반복해서 세상에 태어난다는 윤회 사상이 등장한 것이다.

여기에서 제사에 의지하는 단순하고 낙천적인 베다를 넘어 비판적이고 사색적인 우파니샤드가 탄생했다. 우파니샤드에서는 베다 말기에 시작된 일원론이 더 확대되었고, 관심이 자연에서 인간 세계로 이동함에 따라 형식보다는 내용을 중요시하게 되었으며, 신이 아닌 인간 존재에 대해 살펴보기 시작했다. 막연히 신에 대해 생각하는 것이 아니라 인간의 행복과 자유, 평화를 위해서 인간과 인간을 둘러싼 우주의 본질을 밝혀내고자 한 것이다.

2. 우파니샤드는 한 사람의 철학이 아니다

우파니샤드는 어떤 철학자 개인의 철학이 아니다. 베다를 해설하는 전통에서 나타난 것처럼, 인도 철학은 언제나 기존의 것에 해설을 붙이는 형식으로 발달했다. 베다는 물론이고, 기원전 1000년경부터 쓰여진 베다의 해설집들에서도 계보의 흔적만 드물게 찾을 수 있을 뿐, 저자의 이름은 발견할 수 없다. 해설집의 마지막 부분인 우파니샤드도 철학자 개인이 아니라 전통을 중시하는 수많은 이름 없는 철학자들에 의해 만들어졌다.

이렇게 만들어진 우파니샤드의 형성 연대는 기원전 800년에서 기원전 300년경이다. '우파니샤드'라는 이름이 붙은 우파니샤드 문헌은 200여 종이 있는데, 대표적인 우파니샤드들이 이 시기에 형성되었다. 이때 형성된 우파니샤드들은 인간의 존재에 관한 깊은 사색을 담고 있는데, 특정한 철학자의 철학을 펼친 것이 아니라 수백 년간 많은 철학자들이 남긴 어록과 같은 것이기 때문에, 수많은 해설집을 통해서 여러 가지 인도 철학의 갈래를 낳는다.

8세기경의 실존 인물이며 가장 영향력 있는 인도 철학자로 꼽히는 샹까라(788년~820년)는 이 가운데 10종의 우파니샤드에 해설을 붙였다. 이처럼 특정 철학이나 종교의 계보와 관계 없이 후대에 영향을 미친 고전 우파니샤드는 이샤 우파니샤드, 께나 우파니샤드, 까타 우파니샤드, 쁘라슈나 우파니샤드, 문다까 우파니샤드 등 모두 18종 정도다.

이 가운데서도 초기 우파니샤드가 형성된 시기는 적어도 기원전 6세기 전이다. 즉, 불교가 나오기 전이며 베다의 제사 형식이 한창 왕성하게 퍼져 가던 시기였다. 여기에 속하는 우파니샤드는 아이따레야 우파니샤드, 까우쉬따끼 우파니샤드, 따잇띠리야 우파니샤드, 찬도기야 우파니샤드, 브리하다란야까 우파니샤드이다. 우파니샤드마다 조금씩 다루는 주제가 다르기도 하고, 내용을 전개하는 형식도 다르다.

또 초기의 우파니샤드는 주로 산문체였지만, 산문과 운문이 섞이면서 뒤로 갈수록 완전한 시의 형식인 운문체가 유행했음을 알 수 있다. 시간이 지나면서 우파니샤드가 경전처럼 여겨져, 교육을 위해 낭송하거나 암기하는 방식을 따랐기 때문일 것이다.

초기의 우파니샤드들은 베다의 일원론을 바탕으로 관념론적인 범아일여(梵我一如) 사상을 전개했을 뿐이지만, 후기에 나온 우파니샤드에서는 조금씩 종파의 성격을 발견할 수 있다. 이것은 기원전 6세기 이후에 조금씩 전개되어 기원전 3세기경에 자리를 굳힌 신화 시대의 영향이기도 하다. 신화 시대에는 다시 베다 시대처럼 신들이 중요한 자리에 오르고, 신들의 이야기를 통해 창조 신, 유지 신, 파괴 신을 중심으로 삼는 새로운 관점이 형성되었다. 따라서 후기에 형성된 슈웨따슈와따라 우파니샤드의 경우에서처럼, 당시 형성되고 있던 상키야 철학이나 요가 철학과 같은 일정한 철학적 관점이나 종교, 종파적인 이론들이 새롭게 형성되는 우파니샤드에 반영되기 시작했다. 고전적 우파니샤드 18종에 포함되지 않는 요가 우파니샤드, 쉬와 우파니샤드 등 수많은 우파니샤드들은 초기 우파니샤드와는 상당히 다른 성격의 것들로, 특정 종파를 위한 경전의 성격을 띄고 있다.

3. 우파니샤드에서는 무엇을 찾는가?

우파니샤드의 가장 큰 주제는 신이 아닌 인간 존재에 대한 탐구다. 우파니샤드에서는 기존의 베다가 풍부하게 보여 주던 자연 신들과 신들에 대한 제사가 오히려 관심에서 멀어진다. 눈에 보이는 것에 대한 불신과 근원적인 것에 대한 관심이 베다의 형식주의를 누른 것이다. 우파니샤드에는 다음과 같은 물음이 꾸준히 제기된다.

오움—
브라흐만의 지혜를 구하는 자들이 서로 이야기하기를
과연 브라흐만은 세상의 근원인가.

우리는 어디에서 생겨났는가.

누구로 인해 우리는 살아 있는가.

마지막 순간에 우리는 과연 어디로 가 설 것인가.

브라흐만을 아는 자들이여!

누구에게 영감을 받고

우리가 이 모든 기쁨과 슬픔을 느끼는지 말해 보세.

시간, 본성, 필요성, 우연, 근원 물질, 자궁, 뿌루샤.

이것들이 세상의 근원이 될 수 있는지 생각해 보세.

이 모든 것들을 합한 것도

근원 아뜨만의 한 부분에 지나지 않으리요,

또한 아뜨만도 기쁨과 슬픔에 매이니

세상의 원인이 되지 못하네.

(슈웨따슈와따라 우파니샤드 제1장 1절)

이 마음은

어느 누구에 의해 원하는 곳으로 움직이는가?

누구와(무엇과) 결합하여 첫 호흡이 시작되었는가?

모든 생명체들은 누구에게 감화를 받고 '말'을 하는가?

눈과 귀 뒤에 어느 누구의 힘이 숨어 있는가?

(께나 우파니샤드 제1장 1절)

수많은 우파니샤드의 공통된 출발점은 자아라는 존재와 그 존재를 설명해 줄 근원에 대한 호기심이다. 우파니샤드는 또한 육신, 꿈 의식, 경험적 자아 등의 문제를 통해서 구체적으로는 궁극적 실재, 세계의 본질, 창조의 문제를 이야기한다. 그리고 이것을 바탕으로 개개인의 존재, 운명, 이상, 그리고 자유와 업의 관계, 해탈, 윤회 등의 문제를 다룬다. 따라서 우파니샤드의 주제는 크게 형이상학과 윤리라고 할 수 있다.

우파니샤드는 나와 나를 둘러싼 세계에 대한 고민에서 나왔다. 인간은 아무리 행복하다고 생각하는 사람일지라도 슬픔과 아픔, 질병과 죽음 같은 고통을 피할 수 없는 운명에 놓여 있다. 우파니샤드는 이 고뇌에서 벗어날 수 있는 방법을 찾기 위해 자아를 탐구하기 시작하여 세계의 근원까지 파헤치며, 결국 참자아와 세계의 근원이 하나라는 결론에 도달한다.

우파니샤드에서는 모든 존재는 육신으로만 된 것이 아니고, 본래의 참모습이 있다고 한다. 그리고 그 참모습은 본래 세상의 근원에서 비롯된 것이라고 말한다. 그런데 사실이 아닌 것을 사실처럼 보게 하는 환영 때문에 인간은 세상의 근원인 자신의 모습을 보지 못하고, 그저 슬픔과 아픔, 질병과 죽음으로 고통받는 작은 존재로 스스로를 인식하게 된다는 것이다. 자신을 고통받는 작은 존재로 인식하면 그런 존재로 윤회를 반복하고, 자신을 세상의 근원으로 인식하는 눈을 뜨면 그 순간 세상의 근원이 되어 해탈한다. 자신을 어떻게 규정하는가에 따라 고통에 얽매인 존재가 될 수도 있고, 온갖 구별에서 완전히 자유로운 존재가 될 수도 있다는 것이다.

이러한 우파니샤드를 읽는 독자들은 자연스럽게 '나는 누구인가?', '어디에서 왔는가?', '어디로 가는가?'와 같은 물음 속을 여행하게 된다. 자기 존재에 대해 진지하게 생각하게 되는 것이다. 그래서 자신도 모르게 철학의 한가운데 서 있게 된다. 지금부터 2,800년 전부터 형성된 우파니샤드가 아직도 고전으로 꼽히는 이유는 시대에 상관없이 그와 같은 진지한 물음을 갖게 한다는 점 때문이다. 그리고 이 안에 그 물음에 답하려는 진지한 노력들이 있기 때문이다.

우파니샤드의 행복론은 매우 독특하다. 우파니샤드에서는 사람이 느낄 수 있는 가장 큰 행복은 자신의 근원적 모습을 깨달음으로써 얻게 되는 행복(해탈, 즉 모든 것으로부터의 자유)이며, 이것은 하늘나라에 간 사람보다도, 그 어떤 신보다도, 창조주가 느끼는 행복보다도 백 배 크다고 한다. 왜냐하면 그 행복은 나와 세계, 나와 남을 구분하지 않는 큰 만족감을 주는 행복이고, 따라서 사람이든 자연이든 세상 모두를 자신으로 여기고 사랑하게 되는 인식 단계이기 때문이다.

이러한 인식의 단계는 모든 철학의 이상향이며 지향점이지만, 그 어떤 철학으로도 얻을 수 없는 것이다. 그래서 우파니샤드는 '비밀스런 지혜'로 전해진다. '우파(upa)'는 '가까이', '니(ni)'는 '아래로',

'샤드(sad)'는 '앉는다'로서 '가깝게 아래로 내려 앉는다'는 뜻이다. 다시 말해 아무에게나 말하지 않는 비밀처럼 은밀하게 전달되어야 한다는 의미다. 이것은 자격을 갖춘 스승과 자격을 갖춘 제자 사이에서, 즉 스승이 아끼는 제자에게 무릎이 닿도록 가까이 앉아 비밀스럽게 전해 주는 지혜인 것이다.

우파니샤드를 흔히 '인도 사상의 젖줄'이라고 하는데, 우파니샤드가 자식에게 젖을 물리는 어머니처럼 상키야 철학, 요가 철학, 니야야 철학, 바이셰시까 철학, 미망사 철학, 베단따 철학, 불교, 자이나교 등 인도의 철학과 사상이 형성될 수 있는 바탕을 마련해 주었기 때문이다. 이러한 철학들은 우파니샤드에 그 뿌리를 두고 있으며, 새로운 사상들은 새롭게 일어날 때마다 언제나 우파니샤드의 가르침에서 그 원류를 찾는다.

4. 우파니샤드와 힌두교, 불교는 어떻게 다를까?

어떤 사람들은 베다와 우파니샤드를 힌두교 경전이라고 한다. 하지만 베다와 우파니샤드 시대에는 힌두교라는 종교가 없었다. 나중에 힌두교와 불교 등의 종교 전통이 형성되면서 베다는 힌두교를 상징하는 최고 경전이 되었고, 우파니샤드는 베다 정신을 사상적으로 체계화한 것으로 여겨졌다. 물론 베다가 인도 사상의 시작점인 것은 분명하다. 힌두교 사상을 대표하는 윤회와 업, 개체아와 우주아 등의 개념이 우파니샤드를 통해 정착했는데, 우파니샤드는 적어도 형식적으로는 베다의 해설집으로서 베다를 계승한 것이기 때문이다.

뿐만 아니라 오늘날 힌두교 사상을 공부할 때 읽는 《바가와드 기따》는 신화 시대를 대표하지만, 역시 베다 전통의 연장선에서 나왔다고 할 수 있다. 하지만 《바가와드 기따》는 삶의 의무, 윤리관을 다룬 것이기 때문에 베다보다는 우파니샤드를 해설한 것이라 할 수 있다.

힌두교는 기독교나 불교 같은 종교와는 매우 다르다. 힌두교에는 섬기는 신이 신자마다 제각기 다르고, 정해진 경전도, 정해진 찬송도, 정해진 계명도 없다. 사제단이 따로 있는 것도 아니고, 사원도 가는 곳마다 다른 신을 모시고 있으며, 신을 섬기는 방법도 가지가지다. 그런데도 이 모두를 힌두교라는 이름으로 부른다. 다른 서양의 종교들과 비슷하게 신을 모시기 때문에 힌두교라고 불린 것뿐이다.

사실 힌두교는 기독교와 같은 그런 종교는 아니다. 그렇기 때문에 베다가 오늘날 힌두교 사상에서 매우 중요한 위치에 있음에도 불구하고, 기독교의 성경과 같은 경전이라고 할 수는 없다. 베다에는 하나님 같은 유일신도 없고, 누구나 베다를 읽을 수 있는 것도 아니기 때문이다.

한편 불교는 형식적으로는 베다의 제사를 부정했기 때문에 인도 철학사에서 우파니샤드와는 다른 계열로 분류된다. 그러나 내용상으로 보면, 우파니샤드에서와 같이 삶을 고통으로 보고 그것을 극복하고자 하며, 업과 윤회, 해탈의 개념도 공유한다.

이렇게 불교는 우파니샤드의 주제를 공유하기는 했지만, 존재의 참모습(아뜨만)이 아닌 '공(空)'을 추구했다. 부처는 이러한 문제를 논하는 것 자체가 무의미하다고 했다. 우파니샤드가 삶의 고통을 나의 완성(존재의 참모습 발견)을 통해서 극복하려고 했다면, 불교는 그것을 '나'에 연결된 집착을 버림으로써 이룩해야 한다고 한 것이다.

5. 우파니샤드는 왜 산스끄리뜨로 쓰기했는가?

우파니샤드는 고대 인도어인 산스끄리뜨로 쓰여져 있다. 산스끄리뜨는 서양의 라틴어와 같은 위상을 가지고 있다고 할 수 있는데, 일상어로 사용되지는 않았다. 하지만 다양한 언어를 사용하는 인도인들이 공유한 의례어이자 교양어였다.

사람들은 산스끄리뜨를 매우 신성한 언어, 또는 신들의 언어, 고귀한 언어라고 생각했다. 그래서 제사를 지낼 때 사용하는 베다 주문과 훌륭하고 귀한 가르침은 반드시 산스끄리뜨로 적고 산스끄리뜨로 공부해야 한다고 생각했다.

베다에 사용된 산스끄리뜨는 '베다 산스끄리뜨'라고 불리는데, 이 것은 베다 해설집에 사용된 산스끄리뜨와 시대적으로 차이가 많고, 문법 또한 차이가 있다. 베다 이후의 산스끄리뜨는 기원전 5세기경, 문법 학자인 빠니니(Pāṇini)에 의해서 표준어가 만들어졌고, 그 뒤에 는 이 문법의 기준을 따랐기 때문에 일정한 형태를 유지했다. 말하 자면 산스끄리뜨는 인위적으로 만든 언어였다. '산스끄리뜨'라는 말 의 뜻 역시 '정제된 언어'다.

산스끄리뜨는 아무나 사용할 수 없는 의례어, 교양어였기 때문에 브라만 사제들을 비롯한 특정 계층만 쓸 수 있었다. 따라서 부처와 같은 사람들은 산스끄리뜨 자체를 특정 계층의 권위를 상징하는 것 으로 보고, 이 언어를 사용하지 않았다. 그는 산스끄리뜨보다 일반 인들이 일상에서 사용하는 언어 쁘라끄리뜨(자연스럽게 형성된 언어)를 사용했다. 부처는 설법할 때 일반인들의 일상어 전체를 가리키는 쁘 라끄리뜨 중에서도 특히 빨리어를 사용했다고 한다.

산스끄리뜨는 문학, 사상, 종교, 철학, 역사, 예술 분야 등의 뛰어 난 고전에 널리 사용되었고, 보존도 잘 된 편이다. 우파니샤드를 비 롯해 베다, 각종 인도 철학에 관한 책들, 《바가와드 기따》, 인도 신 화집인 《뿌라나》, 대서사시 《라마야나》, 《마하바라따》, 설화 문학 《빤짜딴뜨라》, 세계 2대 고대 법전으로 꼽히는 《마누법전》, 그리고 대승불교의 많은 경전들도 산스끄리뜨로 되어 있다. 우리가 쓰는

'비구', '비구니', '달마'와 같은 말도 불교를 통해 산스끄리뜨를 그대로 받아들인 것이며, '업', '윤회', '불법(佛法)', '해탈' 등은 산스끄리뜨 용어를 뜻이 통하는 한자어로 바꾼 경우다.

산스끄리뜨는 언어의 계통상 영어, 불어, 독어 등 유럽의 언어들과 같은 어족에 속한다. 산스끄리뜨, 페르시아어, 러시아어, 그리스어, 라틴어, 그리고 영어, 불어, 독어, 스페인어 등 현대에 사용되는 유럽의 거의 모든 언어들과 함께 인도-유럽어족으로 분류된다.

오늘날 인도 헌법은 16개의 국어를 지정하고 있는데, 이 가운데는 일상어로 사용되지 않는 산스끄리뜨도 포함되어 있으며, 또 국영 방송에서 산스끄리뜨로 뉴스를 방송하기도 한다. 이것은 이 언어를 사용한 베다와 베다에서 비롯된 전통이 인도인의 삶 속에 각종 의례를 통해 깊숙이 뿌리내려 있기 때문이다.

지금도 대부분의 인도인들은 아침저녁 일상 예배를 할 때나 성지, 사원을 방문할 때 베다 주문을 외우며, 브라만들은 각종 의례에서 인도인들의 삶 속에 베다의 시들을 불어넣는 의례를 계속하는데, 이때 사용하는 언어가 산스끄리뜨다.